西安财经大学学术著作出版资助

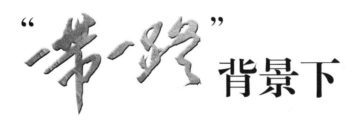

"一带一路"背景下

对外直接投资风险评估与预警机制研究

李冰洁　著

中国财经出版传媒集团

经济科学出版社

Economic Science Press

图书在版编目（CIP）数据

"一带一路"背景下对外直接投资风险评估与预警机制研究 / 李冰洁著 . —北京：经济科学出版社，2022. 2

ISBN 978 - 7 - 5218 - 3441 - 3

Ⅰ. ①—… Ⅱ. ①李… Ⅲ. ①对外投资 – 直接投资 – 风险管理 – 研究 – 中国 Ⅳ. ①F832. 6

中国版本图书馆 CIP 数据核字（2022）第 029324 号

责任编辑：杜　鹏　刘　悦
责任校对：徐　昕
责任印制：邱　天

"一带一路"背景下对外直接投资风险评估与预警机制研究

李冰洁　著

经济科学出版社出版、发行　新华书店经销
社址：北京市海淀区阜成路甲 28 号　邮编：100142
编辑部电话：010 – 88191441　发行部电话：010 – 88191522
网址：www. esp. com. cn
电子邮箱：esp_bj@ 163. com
天猫网店：经济科学出版社旗舰店
网址：http：//jjkxcbs. tmall. com
北京时捷印刷有限公司印装
710×1000　16 开　10. 5 印张　170000 字
2022 年 3 月第 1 版　2022 年 3 月第 1 次印刷
ISBN 978 – 7 – 5218 – 3441 – 3　定价：59. 00 元
（图书出现印装问题，本社负责调换。电话：010 – 88191510）
（版权所有　侵权必究　打击盗版　举报热线：010 – 88191661
QQ：2242791300　营销中心电话：010 – 88191537
电子邮箱：dbts@esp. com. cn）

目　　录

第 1 章

导　　论

本书是研究"一带一路"建设、防范企业对外直接投资风险的重要成果。在本书的开篇,笔者将逐一介绍研究背景和意义、研究内容与研究方法,展现全书的结构框架。

1.1　研究背景

"一带一路"是致力于亚欧大陆及附近海洋互联互通和实现沿线各国多元、自主、平衡、可持续发展的伟大构想,契合了沿线国家的共同需求,为沿线国家优势互补、开放发展开启了新的机遇之窗,是国际合作的新平台。根据 2021 年 1 月召开的商务部专题发布会上的数据,截至 2020 年底,我国签署了 205 份共建"一带一路"的合作文件,进行"一带一路"投资合作的国家已经不仅限于开始界定的 65 个"一带一路"沿线国,现已包含 171 个国家和国际组织,并且还在逐渐增多。①

随着"一带一路"建设的持续推进,中国十分重视加强同沿线主要国家和地区的贸易及资金往来,共同深化"一带一路"国际合作,齐力打造人类命运共同体,这对于全球经济增长、各国以及中国的发展都起到了极大的助

---

① 2020 年商务工作及运行情况新闻发布会,商务部,http://www.mofcom.gov.cn/xwfbh/20210129.shtml.

力作用。从国际层面上看，"一带一路"倡议下中国对外直接投资有利于带动沿线国家的基础设施建设和经济增长，推动广大发展中国家经济发展方式的转型，共享发展成果，打破过去全球经济发展失衡的状态，塑造新的国际经贸合作格局。从国内层面上看，"一带一路"倡议下有利于优化国内产业结构，保障能源安全，同时在经济新常态下建立更广泛的战略合作关系，增强中国企业的竞争力。

在"一带一路"倡议的推动下，我国企业对外直接投资的步伐明显加快。商务部网站公布的数据显示，2020年我国对外直接投资1329亿美元，位居全球前列，实现规模总体稳定、结构更加优化；截至2020年底，我国对外直接投资存量超过2.3万亿美元，比2015年末翻一番，对外投资大国地位稳定。其中，对"一带一路"沿线国家非金融类直接投资177.9亿美元，增长18.3%，占全国对外投资的比重上升到16.2%；在沿线国家承包工程完成营业额911.2亿美元，占全国对外承包工程的58.4%；对重点行业投资实现较快增长，对装备制造业、信息技术业以及科研和技术服务业投资分别增长21.9%、9.6%和18.1%。此外，我国对外投资产业集聚效应显现，截至2020年底，我国境外经贸合作区累计投资3094亿元，为当地创造了37.3万个就业岗位。一大批境外项目和园区建设在克服疫情中稳步推进，中老铁路、雅万铁路等重大项目取得积极进展，中白工业园新入园企业13家。①

但与此同时，国际竞争日益激烈，世界经济及政治格局不断变化，尤其是"一带一路"沿线各国存在着地缘政治格局动荡、经济结构失衡且增长乏力、自然环境破坏加剧和地区冲突等诸多问题，使我国企业在"一带一路"沿线各国投资面临着不可忽视的风险。更为严重的是，我国企业对外直接投资经验不足，有关保护手段和能力有待加强，企业风险防范意识薄弱。事实上，在我国大金额对外直接投资失败的案例中，"一带一路"沿线国家占了很大比例，已引发对"一带一路"倡议顺利实施的担忧。因此，为了"一带一路"倡议的顺利推行，识别和评估对外直接投资（OFDI）风险并进行风险预警已成为现阶段亟待解决的现实问题。

---

① 中国商务部网站，http://www.mofcom.gov.cn/.

1.2　研究意义

对外直接投资是"一带一路"建设中的重要内容，风险防范是对外直接投资的关键环节，因此，研究"一带一路"对外直接投资风险具有十分重要的理论和现实意义。

（1）为"一带一路"倡议的顺利实施提供理论支持和实践指导。在"一带一路"倡议下，我国将开工建设一批互联互通项目，以推动我国优势产业和富余产能向沿线国家转移，并扩大我国对沿线国家制造业、服务业等其他相关产业的投资。目前，投资风险可能是我国"一带一路"建设中最大障碍和困难来源，所以完善的风险防范体系是我国"一带一路"倡议和实施计划中不可缺少的重要组成部分。同时，鉴于沿线部分国家对"一带一路"建设持相对谨慎态度，从国际合作共赢的视角来看，防范投资风险不仅对我国是有益的，对于消除沿线国家的顾虑和共谋发展也是有益的。本书的研究目的是如何评估、预警并最终防范风险，提出切实有效并能为各方所接受的投资风险政策。从这点上来看，可以为"一带一路"建设提供更好的理论支撑和实践指导。

（2）有助于构建中国对外直接投资的风险防范制度。投资风险是推进"一带一路"的重要障碍，防范风险是对外直接投资的关键环节，因此，研究如何科学借鉴发达国家的对外直接投资风险防范制度，构建符合中国国情的对外直接投资风险防范制度，有助于我国建立科学有效的风险防范体系和投资促进体系，提高国家对外直接投资风险防范能力，践行国家安全观和构建外向型国家治理体系，切实保障我国"一带一路"倡议的顺利实施。

（3）有利于提升对外直接投资企业的投资收益。与快速发展的海外业务相比，我国对外直接投资企业自身风险管理水平有限，风险防范的意识不强，一旦风险来临，投资基本以惨痛损失告终。基于此，本书以"一带一路"为研究区域，以对外投资风险为研究对象，系统评估"一带一路"对外直接投资风险，强化对境外投资环境的认识和把握，有利于我国企业客观认识"一带一路"沿线地区的投资机遇和风险，提高对外直接投资风险的防控能力。同时，本书提出的政策建议可以帮助政府针对风险状况制定更合理的战略规划和扶持措施，帮助企业有效识别风险，深刻认识相关国家的历史、文化、传统习俗以及交易习惯等方面的潜在风险，强化对投资项目的可行性研究，最大限度地降低投资风险、提高投资收益。

（4）丰富了对外直接投资风险研究的范畴。关于对外直接投资风险方面，国内外都有很多研究成果，国外的研究比较早，也比较系统，大多集中在风险的分类、风险与投资的影响关系以及风险评估方面。国内学者在局部方法论上也做了创新尝试。但整体来看，外国的经验和结论对中国这样的新兴经济体还不完全适用，有很多方面需要调整完善和因地制宜。尤其是随着中国"一带一路"倡议的提出，需要新的理论模型去解释"一带一路"对外直接投资的风险。基于此，本书关于"一带一路"建设中的对外直接投资风险研究超过了传统投资风险研究的范畴，从更大范围、更多层次、更高水平丰富了国际投资风险理论。首先，从风险来源上看，"一带一路"建设中的对外直接投资风险来源已经超越了单纯的贸易、投资、金融等经济风险，包括了政治、经济、文化、军事、宗教等各领域的风险。其次，从风险层面上看，"一带一路"建设中的风险，既有宏观环境风险也有微观投资风险，既有战略层面的风险也有操作层面的风险，比既有风险理论考察的风险要丰富得多。最后，在世界经济发展大势下和经济一体化格局中，"一带一路"建设中的对外直接投资风险主体更为多元，投资国、东道国、对外直接投资企业都将成为风险主体，本书从多边角度进行考量，丰富了研究范畴。

1.3 研究内容

（1）识别"一带一路"对外直接投资的风险类别。兼顾东道国宏观层面和投资企业微观层面视角，考虑对外直接投资的空间维度和时空关系，细分对外直接投资风险类别。

（2）分析"一带一路"对外直接投资的风险成因。立足于国际环境层面、国别政府层面和本国企业层面，多视角、多方位剖析造成"一带一路"

对外直接投资风险的主要因素。

（3）解释"一带一路"对外直接投资的风险传导机理。在确定风险源的基础上，根据对外直接投资风险特征，界定对外直接投资风险的传导载体，探明风险传导路径，描绘风险传导过程，总结风险传导效应。

（4）评估"一带一路"对外直接投资风险的等级。采用模糊层次分析法，在多尺度、多主体、多因素的综合研究框架下，构建了风险评估指标体系，对各类风险指标进行综合排序，排查重点风险指标并解释原因。

（5）构建"一带一路"对外直接投资风险的预警机制。借用贝叶斯网络模型和灯号模型，输入风险预警指标，设置风险节点，输出预警信息。判断各个风险因素对项目投资的不同影响，得到投资项目的最终风险值，实现对"一带一路"对外直接投资风险的预测分析功能。

（6）提出"一带一路"对外直接投资风险防范措施。通过对外直接投资风险防范制度的国际比较，基于区域协同发展的理念设计国内政策，保障"一带一路"对外直接投资风险防范措施顺利落地。

1.4　研究方法

本书采用规范分析与实证分析、定性分析与定量分析相结合的研究方法，以理论研究、实地调研、数据采集和计算机模拟分析为主。具体研究方法如下。

（1）运用样本分析法分析"一带一路"对外直接投资风险传导路径，归纳"一带一路"对外直接投资风险传导效应。

（2）运用层次分析法确定"一带一路"对外直接投资风险指标的权重，采用模糊综合分析法对风险指标进行综合评估。

（3）采用修订的贝叶斯网络模型构建"一带一路"对外直接投资风险预警系统，结合运用风险等级矩阵法和德尔菲法对风险预警指标进行量化，借助灯号信息模型输出风险预警结果。

（4）采用对比分析法比较借鉴已有的美、日、德发达国家风险防范制度，提出"一带一路"对外直接投资风险防范的对策建议。

1.5　结构框架

全书共由 9 章构成，具体章节构成如下。

第 1 章，导论。

第 2 章，"一带一路"倡议的提出。从"一带一路"倡议提出的历史背景和现实背景出发，回顾了"一带一路"倡议的推进过程，分析了"一带一路"倡议的主要内容，肯定了实现"一带一路"倡议的现实基础。

第 3 章，"一带一路"背景下对外直接投资现状。在回顾中国对外直接投资的基础上，聚焦"一带一路"区域，分析了中国对"一带一路"沿线国家直接投资的动因、特征、趋势和挑战。

第 4 章，"一带一路"背景下对外直接投资风险文献综述。从剖析经典对外直接投资理论入手，分别从国别风险、产业投资风险、企业投资风险方面回顾梳理"一带一路"对外直接投资的风险研究，并指出当前研究存在的问题，主要是自然学科和人文学科交叉互补性研究欠缺，领域内系统性研究缺乏，研究过程中使用量化方法和技术手段不足。

第 5 章，"一带一路"背景下对外直接投资风险识别。基于风险识别的可行性、灵活性、系统性以及综合性原则，兼顾东道国宏观环境层面和企业微观经营层面，认为"一带一路"对外直接投资的风险主要有东道国自然环境风险和人文环境风险，其中，人文环境风险包括政治政策风险、经济金融风险、社会文化风险和对华关系风险；对外直接投资企业的微观经营风险有公司治理风险和战略决策风险，其中，公司治理风险包括企业财务风险、国际化人力资源风险和技术外溢风险。

第 6 章，"一带一路"背景下对外直接投资风险成因及传导机理。立足于国际环境层面、国别政府层面和本国企业层面，多视角、多方位剖析造成"一带一路"对外直接投资风险的主要因素。基于"一带一路"对外直接投资风险识别的基础，梳理对外直接投资风险的源头，主要有自然灾害风险、政治政策风险、经济金融风险、社会文化风险、对华关系风险、战略决策风险、公司治理风险。这些风险源头依附于资金、物质、人员和信息等载体，分别在东道国与对外直接投资企业之间、母国与对外直接投资企业之间和对外直接投资企业内部之间进行风险传导，其风险传导的效应为多米诺骨牌效应、蝴蝶效应、破窗效应和耦合效应。

第 7 章，"一带一路"背景下对外直接投资风险综合评估。基于"一带一路"对外直接投资风险识别的基础，将自然灾害风险、政治政策风险、经济金融风险、社会文化风险、对华关系风险、战略决策风险、公司治理风险这 7 个二级风险指标，具体细分为 30 个子风险指标，利用层次分析法确定指标权重，借助模糊综合评价法评估"一带一路"对外直接投资总体风险。评估结果认为，我国企业在"一带一路"对外直接投资的风险处于较高等级。具体来说，东道国政治、经济风险是影响宏观环境风险的重要因素；企业战略决策风险是影响微观经营风险的重要因素。

第 8 章，"一带一路"背景下对外直接投资风险预警机制。借用贝叶斯网络模型和灯号模型，输入风险预警指标，设置风险节点，输出预警信息，判断各个风险因素对项目投资的不同影响，得到投资项目的最终风险值，实现对"一带一路"对外直接投资风险的预测分析功能。

第 9 章，"一带一路"背景下对外直接投资风险防范政策建议。通过对发达国家对外直接投资风险防范制度的国际比较，结合我国企业在"一带一路"沿线国家投资的现实情况，分别从政府层面和企业层面给出相应的风险防范对策建议。

本书结构框架如图 1 - 1 所示。

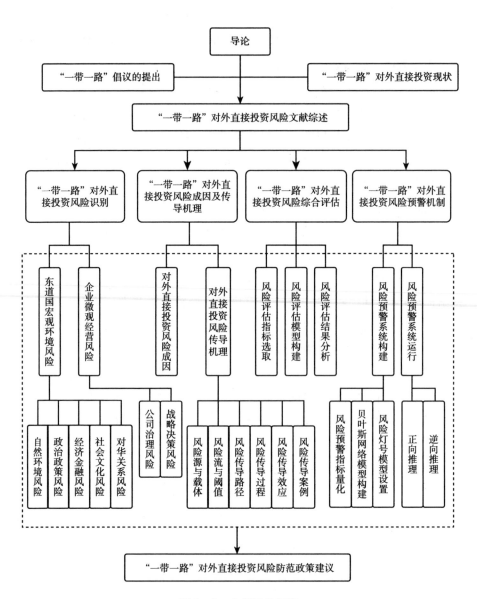

图 1-1 本书结构框架

第 2 章

"一带一路"倡议的提出

"一带一路"（One Belt and One Road）是"丝绸之路经济带"和"21世纪海上丝绸之路"的简称。习近平总书记在 2013 年访问哈萨克斯坦和印度尼西亚时分别提出了共建"丝绸之路经济带"和"21世纪海上丝绸之路"的倡议。"一带一路"倡议的提出旨在借用古代丝绸之路的历史符号，高举和平发展的旗帜，积极发展与沿线国家的经济合作伙伴关系，共同打造政治互信、经济融合、文化包容的利益共同体、命运共同体和责任共同体。自"一带一路"倡议提出以来，全球多个国家和国际组织积极响应，目前已有126 个国家和 29 个国际组织与中国签署了"一带一路"合作协议，形成了广泛的国际合作共识。

2.1 "一带一路"倡议的背景

2.1.1 历史背景

丝绸之路的历史最早可以追溯到张骞出使西域，但真正作为一个名称和概念进入人们视野，是源于 19 世纪德国著名地质地理学家费迪南·冯·李希霍芬（Ferdinand von Richthofen）的著作《中国——我的旅行成果》。该书耗时 35 年（1877～1912 年）完成，详尽地介绍了中国的地质地理情况，并第一次提出了"丝绸之路"的概念，其定义是古代中国与欧洲之间的一条贸易通道。随后在 1910 年，德国历史学家赫尔曼（Albert Herrmann）根据考古文物和资料记载，在其出版的《中国与叙利亚之间的古代丝绸之路》中进一步将丝绸之路范围由原来的中亚和印度扩大到小亚细亚和地中海沿岸。

古代丝绸之路，从地理类型上来看，包括陆上丝绸之路和海上丝绸之路。陆上丝绸之路横贯亚欧大陆，东西全长超过一万多千米，是连接古代亚欧大陆的交通大动脉和重要的商业贸易路线，在历史上长期以来是重要的国际通道。在这条国际通道上，中国的五彩丝绸、茶叶、瓷器等源源不断地被运往沿线国家，沿线香料等也被运往中国，开辟了中外交流的新纪元，极大地推动了东西两个文明的政治、经济、文化的碰撞，对人类历史文化的发展具有划时代的意义。海上丝绸之路泛指古代中国通过海上通道与世界其他国家进行经济文化交流的统称。最早始于秦汉时期，从广州、泉州、杭州、扬州等沿海港口城市出发，东到辽东半岛、日本列岛、朝鲜半岛，南到东南亚诸国，西线途径南亚、阿拉伯地区、东非沿海诸国，构成了当时的海上贸易黄金通道。

丝绸之路不仅是一条贸易通道，也是一条文化通道，在空间上是由多条路组成的交通带，而不是一条线。它在中国和中亚、西亚以及欧洲的文化交流中发挥了重要作用。古代丝绸之路被誉为"人类文化的运河""亚欧大陆的动脉"，对人类历史发展产生了重大影响。首先，地理方面，丝绸之路作为贯通亚欧非大陆的动脉，是世界历史发展的中心地带之一。其次，文化方面，丝绸之路是古代东西方文化交流的重要纽带，是世界闻名交流合作的象征。中国以儒家思想为主的汉文化通过丝绸之路传入其他国家，而西方、中亚、南亚的基督教、佛教、伊斯兰教等宗教思想也陆续传入中国，通过丝绸之路，古中国文明、古埃及文明、古印度文明以及伊斯兰文明这世界四大主要的文明体系得以交流，推动了东西方文明的融合。再其次，生产力方面，中国的四大发明（造纸术、印刷术、指南针、火药）陆续传入丝绸之路沿线国家，而西方发达国家的天文历法、酿酒术、制糖术、建筑工艺等也不断传入中国，古代中国及丝绸之路沿线国家的生产力水平得到了极大的提升。最后，商贸流通方面，丝绸之路是古代东西方商贸往来的重要通道，实现了亚欧大陆内部物质产品的交换和作物品种的传播。中国的丝绸、茶叶、陶瓷等通过海上和陆上丝绸之路源源不断地输往沿线各国，欧洲、北非、中亚等生产的香料、珠宝、皮毛制品以及农作物（胡萝卜、核桃等）也同样不断输入中国，极大地改善了双方物质生活条件，社会生活得到了极大的提高。

2.1.2 现实背景

2013 年，《中共中央关于全面深化改革若干重大问题的决定》中明确要求推进陆上和海上丝绸之路建设，体现了"一带一路"是新时期党中央深化改革的重要举措，同时标志着"一带一路"进入国家战略层级。但是"战略"一词一般多用于军事战略部署，使"一带一路"带有对抗、竞争的色彩，强调一方强制性地推进并占据主导地位，容易引起过度解读。为了减少部分沿线国家对"一带一路"的误读，2015 年，国家发展改革委会同外交部、商务部等部门对"一带一路"提法进行规范，将战略改为倡议。在党的十九大报告中，习近平明确使用了"一带一路"倡议的提法。"倡议"一词强调倡导和建议，既不强调支配地位，也不具有强制性，符合"一带一路"倡导的各方共同参与、参与主体地位平等的深层意思。从战略到倡议的转变，体现了我国强而不霸的发展基调，是新时期国家对世界新的政治和经济格局做出判断后的选择，有着自身的必然性，同样也存在着深刻的时代背景。

一方面，中国经济在过去 40 余年的时间里一直保持着高速增长，成为亚洲第一、全球第二的经济体。自 1978 年改革开放以来，中国经济年均增长率超过 9%，取得了举世瞩目的成绩，成为世界经济增长的奇迹。根据《中华人民共和国 2020 年国民经济和社会发展统计公报》，即使在 2020 年新冠肺炎疫情肆虐全球的背景下，中国依然以 2.3% 的增长率，成为全球唯一实现经济正增长的主要经济体，同时，2020 年中国实现国内生产总值（GDP）101.6 万亿元人民币，这是中国首次超越 100 万亿大关。[①] 中国对世界经济的影响力和号召力与日俱增，是世界经济增长最主要的引擎和贡献源。在改革开放前，中国是名副其实的贸易弱国，常年保持贸易逆差。在实施改革开放后短短 40 年间，中国货物进出口快速增长，货物进出口的年均

---

① 《中华人民共和国 2020 年国民经济和社会发展统计公报》，中国国家统计局，http://www.gov.cn/xinwen/2021－02/28/content_5589283.htm.

增长速度分别达到了 16.5% 和 17%，贸易规模大幅提升，在世界贸易中的比重不断提高。自 2008 年全球金融危机后，中国逐渐取代美国成为世界许多国家主要贸易伙伴，是欧盟、日本、印度等 120 多个国家和地区的最大贸易伙伴。2013 年中国更是成为世界第一货物贸易大国。[1] 从 2021 年 1 月 14 日国务院新闻办公室举行的 2020 年全年进出口情况新闻发布会可知，2020 年暴发的新冠肺炎疫情，使全球贸易面临挑战，而中国却实现了新的飞跃，全年进出口、出口总值双双创历史新高。进出口总值为 32.16 万亿元人民币，比 2019 年增长 1.9%。其中，出口 17.93 万亿元，增长 4%；进口 14.23 万亿元，下降 0.7%；贸易顺差 3.7 万亿元，增加 27.4%。进出口、出口、进口国际市场份额分别达 12.8%、14.2%、11.5%，均创历史新高。成为全球唯一实现货物贸易正增长的主要经济体。[2] 在对外投资方面，商务部网站数据显示，1980 年中国吸引的外商投资额仅为 5700 万美元，占全世界外商投资总额的 0.11%，而改革开放后 40 年间，中国政府致力于改善外商投资环境，特别是设立经济特区、开放沿海港口城市、兴办经济技术开发区、开辟经济开放区等，吸引了大量的外商企业投资，利用外资额一路突飞猛进，2014 年利用的外资总额为 1280 亿美元，占世界外资利用总额的 9.49%，跃居全球外商投资第一目的地国。吸引外商投资的同时，中国资本也在积极地"走出去"，并取得了辉煌的成绩，同样引人注目。1982 年中国企业对外投资额仅仅为 4400 万美元，占全球对外投资总额不到 0.5%，而到 2014 年中国对外直接投资额达到了惊人的 1400 亿美元，全球占比提高至 11.1%，并由此超越日本成为亚洲第一和全球第二对外投资国。2020 年，中国对外全行业直接投资 1329.4 亿美元，对外承包工程完成营业额 1559.4 亿美元，对外投资合作大国地位持续巩固，对外投资规模不断扩大、结构不断优化、效益不断提升，持续稳步健康发展。[3]

另一方面，传统美欧日强国经济发展持续衰退，全球经济发展面临深层

---

① 《新中国成立 70 周年经济社会发展成就系列报告之二十二》，中国国家统计局，http：//www. stats. gov. cn/tjsj/zxfb/201908/t20190827_1693665. html.

② 2020 年全年进出口情况新闻发布会，中国国务院新闻办公室，http：//www. scio. gov. cn/xwfbh/xwbfbh/wqfbh/44687/44744/wz44746/Document/1696882/1696882. htm.

③ 中国商务部网站，http：//www. mofcom. gov. cn/article/tongjiziliao/.

次的调整。与 20 世纪 90 年代相比，美国在全球经济与金融体系中的边际影响力正不可避免地步入衰退轨道，其实体经济在受到金融危机冲击后严重受损，持续增加的军费开支也使经济增长受到拖累；欧元区经济近 40 年来不断衰退，英法两大传统经济强国下滑明显，区内产业竞争力乏力。脱欧势力的泛滥导致了欧元区第一次现实的面临逆"一体化"危机，加上长期影响欧洲内部团结的移民问题、种族矛盾等，导致欧元区经济难以实现复苏；日本作为亚洲唯一的发达国家，经济自 20 世纪 90 年代以后就陷入了长达 20 多年的衰退期，再加上老龄化问题引起的劳动力不足、科技创新乏力等因素，导致经济长期以来无实质增长。由此重新审视和重构国际政治经济关系及其规则成为以第三世界国家为主的越来越多的国家和地区的诉求。

对于中国自身而言，尽管经济在过去 40 多年的时间一直处于高速领跑阶段，但依然存在区域发展不平衡问题。东部沿海地区经济发展较成熟，发展水平高；中西部特别是西部地区经济发展滞后，与东部地区差距明显，但是自然资源丰富，而且与多个国家接壤，地缘政治复杂，由此导致潜在的地区稳定问题不容忽视。面对国内发展面临的诸多问题和国际上复杂的地缘政治经济背景，中国自身急需探寻一条新的发展模式道路。

在此背景下，"一带一路"倡议应运而生。古代丝绸之路的精神是和平友好、包容开放、互利共赢、互鉴互助。而在当前，中国要进一步开放，与其他国家和地区实现共赢，建立和谐世界，就需要付诸行动。"一带一路"倡议就是最重要的举措。当然，这是前人所没有走过的路，是一条探索之路。具体来说有以下四个方面。

一是打破"国强必霸"的魔咒。随着中国的崛起，关于"中国要主导世界"的论调不绝于耳。面对这种情况，除了在外交上，在双边和多边的国际舞台上解释中国的和平愿望外，采取实际行动改变对中国的偏见，是十分重要的。"一带一路"就是要建设共赢之路、共同发展之路，要带动周边地区共同繁荣，打造开放、包容、均衡、普惠的区域经济合作架构，以此来解决世界经济增长和平衡问题。①

---

① 正确认识"一带一路". [EB/OL]. 人民网, http://theory. people. com. cn/n1/2018/0226/c40531 - 29834263. html.

二是务实合作的需要。"一带一路"是务实合作的平台，而非中国的地缘政治工具。通过加强相关国家间的全方位多层面交流合作，充分发掘与发挥各国的发展潜力与比较优势，彼此形成了互利共赢的区域利益共同体、命运共同体和责任共同体。在这一机制中，各国是平等的参与者、贡献者和受益者。"一带一路"建设离不开和平安宁的国际环境和地区环境，和平是"一带一路"建设的本质属性，也是保障其顺利推进所不可或缺的重要因素。这些就决定了"一带一路"不应该也不可能沦为大国政治较量的工具，更不会重复地缘博弈的老套路。①

三是与现行机制互补的需要。"一带一路"建设的相关国家要素禀赋各异，比较优势差异明显，互补性很强。我国基础设施建设经验丰富，装备制造能力强，可与其他国家实现产业对接与优势互补。因而，"一带一路"的核心内容是要促进基础设施建设和互联互通，对接各国政策和发展战略，深化双边务实合作，促进协调联动发展，实现共同繁荣。显然，它不是对现有地区合作机制的替代，而是与现有机制互为助力、相互补充。②

四是推动中国自身的发展需要，特别是中国中西部的发展需要。改革开放40多年的快速发展后，中国经济成就很大，但不平衡。中西部占中国国土面积的80%，人口的60%，但只占全国进出口的14%，吸引外资的17%，对外投资的22%，GDP不到全国的1/3。③这需要在新一轮对外开放的大环境中解决，具体而言，就是要充分发挥中西部自身优势，利用与邻国交往的便利优势，互通有无。

2.2 "一带一路"倡议的演进历程

国家领导人倡议方面主要是从2013年9月至11月这段时间。"丝绸之路经济带"和"21世纪海上丝绸之路"的倡议，于2013年11月的中共十八届三中全会上首次被写入中央决策文件，由此，作为中国共产党的指导思

---

① ② ③ 正确认识"一带一路". ［EB/OL］. 人民网，http：//theory. people. com. cn/n1/2018/0226/c40531－29834263. html.

想成为"形成全方位对外开放新格局"的主要内容。

政府行动方面，首先，2014 年 3 月国务院政府工作报告首次就"一带一路"问题提出"抓紧规划建设"，出现顶层推动。2014 年 11 月，发布亚洲基础设施投资银行有关成立计划，进而针对丝绸之路基金打造方案，12 月丝绸之路基金有限责任公司成立。其次，组织架构和联动机制的建设。自 2015 年 2 月"一带一路"建设工作领导小组成立后，各省份陆续将"一带一路"写入本地区当年政府工作报告之中，再到 2015 年 3 月，多部委联合发布《推动共建丝绸之路经济带和 21 世纪海上丝绸之路的愿景与行动》以下简称《愿景与行动》，标志着第一个"一带一路"政府白皮书的形成。《愿景与行动》中指出，将重点打造新亚欧大陆桥、中蒙俄、中国—中亚—西亚、中国—中南半岛、中巴、孟中印缅六大经济走廊。《愿景与行动》的出台，使国际社会对"一带一路"有了一个相对全面和清晰的认识，消除了部分国家对"一带一路"的疑虑。与此同时，《愿景与行动》也为"一带一路"建设指明了方向。从国内层面来说，《愿景与行动》指出了国内相关地区和省份在"一带一路"建设中的定位和比较优势，为加强东中西互动合作以及各省份参与"一带一路"建设提供了思路；从国际层面来说，六大经济走廊的提出，为相关国家参与"一带一路"建设提供了方向，有利于推动中国与沿线国家在"一带一路"框架下的合作；《标准联通"一带一路"行动计划（2015—2017）》《"一带一路"生态环境保护合作规划》《"一带一路"融资指导原则》等文件的联合发布，标志着政策性设计和准备基本完成；金砖国家新开发银行（New Development Bank）和亚洲基础设施投资银行（AIIB）的先后正式成立，标志着中国以互联互通的理念牵头成立的国际多边金融机构融入多边组织和治理中的努力。

在 2016 年 8 月首届"一带一路"推进建设工作座谈会上，习近平总书记提出聚焦"五通"和"四个丝绸之路"的概念，就是携手打造"绿色丝绸之路""健康丝绸之路""智力丝绸之路""和平丝绸之路"。2016 年 9 月，在纽约联合国总部，《中华人民共和国政府与联合国开发计划署关于共同推进丝绸之路经济带和 21 世纪海上丝绸之路建设的谅解备忘录》签署。这是中国政府与国际组织签署的第一份政府间共建"一带一路"的谅解备忘录，是国际组织参与"一带一路"建设的一大创新。

2017 年 5 月，"一带一路"国际合作高峰论坛在北京举行，这是"一带一路"倡议提出以来最高规格的论坛活动。在世界经济整体低迷的情况下，此次高峰论坛对推动地区和国际合作具有重要意义。29 位外国元首、政府首脑及联合国秘书长、红十字国际委员会主席等重要国际组织负责人出席高峰论坛，来自 130 多个国家的约 1500 名各界贵宾作为正式代表出席论坛。经过各方共同努力，此次论坛达成了一系列合作共识、重要举措及务实成果，形成了高峰论坛成果清单。清单主要涵盖政策沟通、设施联通、贸易畅通、资金融通以及民心相通五大类，共 76 大项 270 多项具体成果。

习近平主席在高峰论坛上将这些成果总结为以下五个方面：第一，政策沟通不断深化。"一带一路"建设注重与相关国家或国际组织的战略对接及优势互补。目前，中国已经与多个国家的战略规划实现对接，与相关国家的政策对接工作也全面展开。第二，设施联通不断加强。4 年来，在"一带一路"框架下，中国与相关国家一道共同规划实施了一大批互联互通项目，相关合作稳步推进。目前，中国正与"一带一路"沿线国家一道，积极规划中蒙俄、新亚欧大陆桥、中国—中亚—西亚、中国—中南半岛、中巴、孟中印缅六大经济走廊建设。在这六大经济走廊的引领下，以陆海空通道和信息高速路为骨架，以铁路、港口、管网等重大工程为依托，一个复合型的基础设施网络正在形成。第三，贸易畅通不断提升。中国同相关"一带一路"参与国大力推动贸易和投资便利化，不断改善营商环境。2014～2016 年，中国同"一带一路"沿线国家贸易总额超过 3 万亿美元。中国对"一带一路"沿线国家投资累计超过 500 亿美元。第四，资金融通不断扩大。资金问题是基础设施建设中面临的突出挑战。为解决这一问题，中国与沿线国家做出了诸多努力，开展了多种形式的金融合作，例如亚投行、"丝路基金"等，这些新型金融机制为"一带一路"建设提供了充足的资金支持。第五，民心相通不断促进。"一带一路"建设弘扬"丝绸之路"精神，在科学、教育、文化、卫生、民间交往等各领域广泛开展合作，为"一带一路"建设夯实了民意基础。丰硕的成果表明，"一带一路"倡议顺应时代潮流，适应发展规律，符合各国人民利益，具有广阔前景。

"一带一路"推进的主要过程如表 2 - 1 所示。

时间	主要内容
2013 年 9 月	习近平主席访问哈萨克斯坦首次提出"丝绸之路经济带"
2013 年 10 月	习近平主席在印度尼西亚又提出"21 世纪海上丝绸之路"
2013 年 11 月	中共十八届三中全会首次将"一带一路"写入中央决策文件
2014 年 3 月	李克强总理在政府工作报告中首次就"一带一路"提出"抓紧规划建设"
2014 年 11 月	发表亚洲基础设施投资银行成立计划
2014 年 12 月	丝绸之路基金有限责任公司成立
2015 年 2 月	"一带一路"建设工作领导小组首次亮相（国务院副总理张高丽担任组长） "一带一路"被 31 个省份写入当年政府工作报告
2015 年 3 月	《推动共建丝绸之路经济带和 21 世纪海上丝绸之路的愿景与行动》由国家发展改革委、外交部、商务部联合发布
2015 年 7 月	金砖国家新开发银行（NDB）设立
2015 年 12 月	亚洲基础设施投资银行（AIIB）正式成立
2016 年 3 月	把"一带一路"作为核心国家项目被包括为"十三五"规划
2016 年 8 月	推进"一带一路"建设工作座谈会首次召开
2016 年 10 月	人民币正式纳入在国际货币基金组织（IMF）的特别提款权（SDR）
2016 年 11 月	联合国大会 193 个会员国把"一带一路"构想全场一致通过，"一带一路"首次写入联合国大会决议
2017 年 5 月	第一届"一带一路"国际合作高峰论坛在北京举行
2017 年 10 月	习近平主席在中国共产党第十九次全国代表大会报告中五次提及"一带一路"；"一带一路"写入修订后的《中国共产党章程》
2018 年 1 月	推进"一带一路"建设工作会议在北京召开
2018 年 9 月	中国非洲合作论坛北京峰会开幕
2019 年 4 月	第二届"一带一路"国际合作高峰论坛在北京举行

表 2 - 1　　　　　　　　　　　　"一带一路"推进的主要过程

资料来源：中国"一带一路"网，www.yidaiyilu.gov.cn

2.3 "一带一路"倡议的理论框架与主要内容

2.3.1 理论框架

"一带一路"倡议是习近平总书记面对世界经济失衡和复杂全球挑战提

出的新型全球化方案。与以往一切旧的全球化方案相比，"一带一路"倡议最显著的特色是坚持共商共建共享原则，强调共同发展、共同安全和共同治理。"一带一路"倡议不搞排他性的"小集团"，而是各方共同参与的"大合唱"。

"一带一路"倡议强调互联互通，通过弘扬和平合作、开放包容、互学互鉴、互利共赢的"丝路精神"，逐步累积信任，集聚共识，是谋求不改变他国制度的全球发展和治理优化。在此指导思想基础上，"一带一路"的基本理论框架初步形成。就是打造政治互信、经济融合、文化包容的利益、命运和责任的共同体。一个原则，便是以"和平合作、开放包容、互学互鉴、互利共赢"为内容的"十六字丝路精神"。我们也能够看到在这个"十六字丝路精神"中最核心的内容也是重点强调的就是互利共赢。体现中国智慧的"三大历史使命"就是肩负着"全球化再平衡""欧亚大陆再联通"，以及"中国改革开放再出发"。这三个历史使命之间，本身就存在着理论上和实践上的契合，分别蕴含着"融入全球—变革自身—塑造世界"的核心命题，并通过和平、发展、合作、共赢的方式解决当前世界性难题和困境。"一带一路"理念框架中的"五条道路"即将"一带一路"建成和平之路、繁荣之路、开放之路、创新之路和文明之路，"五条道路"不仅充分说明了"一带一路"的导向性内涵，而且系统回答了"一带一路"的价值观，就是和平、繁荣、开放、创新、文明。这体现了中国将自身发展目标、发展环境、发展路径与世界共享共建的努力和决心。"八大合作领域"则是"一带一路"的价值原则和发展目标的实践蓝图，包括促进基础设施互联互通、提升经贸合作水平、拓展产业投资合作、深化能源资源合作、拓展经营合作领域、拓展人文交流合作、加强生态环境合作、积极推进海上合作等。这标志着"一带一路"从顶层理念设计到推进务实合作、从概念理论到实践操作的理论发展阶段。

"一带一路"的基本理论框架是开放、包容、共享的网络运作平台（network operations）。首先，"一带一路"类似于一个松散灵活的社会"朋友圈"，它需要在对话和互动中累积信任、创造共识。通过设立几乎没有任何特别门槛的双边、区域和全球对话机制，汇聚合作共识，驱动合作进程。其次，"一带一路"的重要动力源是社会资本，即在国际社会交往基础网络上，参与行为体之间形成的互惠、信任和认知。有温度的人类命运共同体是"一带一路"的魅力所在，而社会资本就是衡量"一带一路"民心相通的"温度计"。因此，通过推进民心相通来开发跨国社会资本，是各国共建"一带一路"的重要内容，也是"一带一路"建设深入发展的不竭动力。

"一带一路"的理论框架如表 2-2 所示。

表 2-2　　　　　　　　　　"一带一路"的理论框架

理论描述	理论含义
一个总体目标	命运共同体
一个原则	"十六字丝路精神" （和平合作、开放包容、互学互鉴、互利共赢）
三大使命	全球化再平衡、欧亚大陆再联通、中国改革开放再出发
五条道路	和平之路、繁荣之路、开放之路、创新之路、文明之路
八大合作领域	基础设施互联互通、经贸合作水平 产业投资合作、能源资源合作 经营合作领域、人文交流合作 生态环境合作、海上合作

资料来源：张宇燕. 全球政治与安全报告（2018）[M]. 北京：社会科学文献出版社，2018.

2.3.2　主要内容

"一带一路"建设的内容非常丰富，主要包括政策沟通、设施联通、贸易畅通、资金融通、民心相通，简单说就是"五通"，涵盖了中国与沿线国家的重点合作领域。这些领域相辅相成、互为支撑。只有做好了"五通"，才能充分调动沿线各国的积极性，发掘沿线各国的合作潜力，营造更广阔的合作空间，以开放包容、合作共赢的姿态，携手共谋发展、共创繁荣。

（1）政策沟通。"一带一路"建设的重要前提和保障是各国政策得以协调和沟通融合。各个国家和地区都有自己的目标、主张和规划蓝图，以及它们之间的利益关系，那么，与相关国家既有的政策、战略、发展规划存在的契合点和差异点就需要充分考量。因此，在各国政府层面进行宏观上的政策沟通、协调，并形成联络和工作机制是相当重要的，通过增强双边和多边互信，为达成的合作共识打好基础，进而实现国家战略和发展规划的全面交流和有效对接，共同制定推动区域合作的相关政策与措施。

（2）设施联通。各国之间基础设施的互联互通是推动"一带一路"建设的重要前提。公路铁路、油气管道、光缆电网、港口码头等基础设施是货物、信息、资源、能源等市场要素流动流通的必要条件。首先，围绕道路通达性和顺畅性，对重要节点、重大工程和关键地理位置进行查缺补漏和增强，不断提高管理运营维护水平；其次，围绕国际流通便利性问题，建立协调一致的全程运输机制，在运输规则的兼容和规范方面不断提高融合水平，加强国际通关、换装、混合联运的有机衔接；再其次，推进水陆联运、海上物流信息、民航班次等的口岸设施和合作机制建设；最后，围绕油气管道、跨境电网、光缆的运行和维护进行安全上的合作。同时考虑标准体系的对接，以及气候和环境影响的评估，以实现经济效益和社会效益的双赢。

（3）贸易畅通。投资贸易合作是"一带一路"建设的重点内容。"一带一路"沿线国家产业结构不同，经济互补性强，贸易潜力巨大。可以通过削减壁垒、搭建平台、完善进口政策，积极扩大沿线国家的进口，进一步优化贸易结构。充分利用出口信贷、出口信用保险等政策，推动大型成套设备、机电产品和高科技产品出口，满足沿线国家产业转型升级需要。支持企业在沿线交通枢纽建立仓储物流基地和分拨中心，完善区域营销网络，进一步优化市场布局。发展与相关国家边境贸易，深化与沿线国家在旅游、中医药、文化等领域交流合作，实现中外服务业企业合作。发挥中国—中东欧国家投资贸易博览会、中国—东盟博览会、中国—南亚博览会、中国—亚欧博览会、中国—阿拉伯博览会、广交会等展会的平台作用，促进企业互动交流，共享"一带一路"商机。

"一带一路"倡议提出以来，我国不断深化管理体制改革，完善促进政策，积极商签政府间投资合作协议，为对外投资合作创造良好政策环境。以对外工程承包为先导，以金融服务为支持，带动装备产品、技术、标准、服务联合"走出去"。我国已经成为许多沿线国家的主要投资来源地，合作内容不断丰富，涵盖农林开发、能源资源、加工制造、物流运输、基础设施等多个领域；合作方式不断拓展，从传统的商品和劳务输出为主发展到商品、服务、资本输出"多头并进"。同时，我国不断放宽外资准入领域，探索推行准入前国民待遇加负面清单的外资管理模式，营造高标准的国际营商环境，吸引沿线国家来华投资。

（4）资金融通。资金融通是"一带一路"建设的重要支撑。深化金融合作，推进亚洲货币稳定体系、投融资体系和信用体系建设。扩大沿线国家双边本币互换、结算的范围和规模。推动亚洲债券市场的开放和发展。共同推进亚洲基础设施投资银行、金砖国家开发银行筹建，有关各方就建立上海合作组织融资机构开展磋商。加快丝路基金组建运营。深化中国—东盟银行联合体、上合组织银行联合体务实合作，以银团贷款、银行授信等方式开展多边金融合作。支持沿线国家政府和信用等级较高的企业以及金融机构在中国境内发行人民币债券。符合条件的中国境内金融机构和企业可以在境外发行人民币债券和外币债券，鼓励在沿线国家使用所筹资金。

加强金融监管合作，推动签署双边监管合作谅解备忘录，逐步在区域内建立高效监管协调机制。完善风险应对和危机处置制度安排，构建区域性金融风险预警系统，形成应对跨境风险和危机处置的交流合作机制。加强征信管理部门、征信机构和评级机构之间的跨境交流与合作。充分发挥丝路基金以及各国主权基金作用，引导商业性股权投资基金和社会资金共同参与"一带一路"重点项目建设。

（5）民心相通。民心相通是"一带一路"建设的社会根基。留学生具有双边国家"民间外交官"的作用。因此，扩大相互间留学生规模、开展合作办学、提供更多的政府奖学金十分必要。同时，加强科技合作，共建联合实验室（研究中心）、国际技术转移中心、海上合作中心，促进科技人员交流，合作开展重大科技攻关，共同提升科技创新能力。

加强旅游合作，扩大旅游规模，互办旅游推广周、宣传月等活动，联合打造具有丝绸之路特色的国际精品旅游线路和旅游产品，提高沿线各国游客签证便利化水平。推动 21 世纪海上丝绸之路邮轮旅游合作。积极开展体育交流活动，支持沿线国家申办重大国际体育赛事。

强化与周边国家在传染病疫情信息沟通、防治技术交流、专业人才培养等方面的合作，提高合作处理突发公共卫生事件的能力。为有关国家提供医疗援助和应急医疗救助，在妇幼健康、残疾人康复以及艾滋病、结核、疟疾等主要传染病领域开展务实合作，扩大在传统医药领域的合作。

2.4 "一带一路" 倡议的现实基础

当前，经过多年建设，"一带一路" 沿线各国的条件已经有了明显变化，"一带一路" 建设已经有了坚实的基础，主要体现在以下四个方面。

2.4.1 经济联系不断加强

改革开放以来，我国经济建设取得了巨大成就。根据国家统计局网站公布的数据，2020 年中国国内生产总值为 1015986.2 亿元，首次突破 100 万亿元，同比增长 2.3%。货物进出口总额 321557 亿元，其中对 "一带一路" 沿线国家进出口总额 93696 亿元，占进出口总额的 29%，是沿线主要贸易伙伴国的第一进口市场和主要出口市场。全年对外直接投资额 9169.7 亿元（合 1329.4 亿美元），同比增长 3.3%。其中，对 "一带一路" 沿线国家非金融类直接投资额 178 亿美元，同比增长 18.3%。截至 2020 年底，中国企业已在沿线 20 多个国家建设了 82 个经贸合作区，涉及多个领域。近年来，中国与 "一带一路" 沿线国家，尤其是与周边国家的经济合作不断加强，经济联系日益密切，这为 "一带一路" 建设提供了良好的经济基础。[①]

中国与中亚毗邻，彼此之间的交流有明显的地缘优势，经贸合作潜力巨大。近几年，中国与中亚国家双边经贸关系以及在上海合作组织框架下的区域经济合作不断深入，贸易规模逐年扩大。根据我国商务部数据，自 1992 年中国与中亚五国建交以来，双边经贸合作取得了快速发展，贸易额保持快速增长态势。建交之初，中国与中亚五国的贸易总额仅为 4.6 亿美元，而 2019 年这个数字达到了 465 亿美元，增长了近 100 倍。[②] 具体来看，根据哈萨克斯坦国民经济部统计委员会的统计数据，2019 年，中国与哈萨克斯坦双边贸易额为 219.9 亿美元，较 2018 年增长 10.6%，自 2015 年以来首次重回

---

① 中国国家统计局网站，http://www.stats.gov.cn/tjsj/.
② 中国商务部网站，http://fec.mofcom.gov.cn/article/fwydyl/tjsj/.

200 亿美元大关。其中，中国对哈国出口 127.3 亿美元，同比增长 12.1%；自哈国进口 92.6 亿美元，同比增长 8.6%。中国对哈国全行业直接投资 4 亿美元，同比增长 2.3%。截至 2019 年底，中国对哈国各类投资累计 296.6 亿美元，主要集中在采矿、交通运输等领域。[1] 近年来，中国与乌兹别克斯坦经贸关系一直保持着健康发展势头。商务部国际贸易经济合作研究院、中国驻乌兹别克斯坦大使馆经济商务处、商务部对外投资和经济合作司三部门在 2020 年共同编撰的《对外投资合作国别（地区）指南——乌兹别克斯坦》报告中指出，中国已成为乌兹别克斯坦第一大贸易伙伴国和第一大投资来源国。中乌双边贸易连续多年保持两位数增长。乌兹别克斯坦国家统计委员会的数据显示，2019 年，乌中贸易额 76.2 亿美元，同比增长 18.5%，占乌兹别克斯坦外贸总额的 18.1%，其中，中方进口 25.2 亿美元，占乌兹别克斯坦出口总额的 14.1%；中方出口 51 亿美元，占乌兹别克斯坦进口总额的 21%，为乌兹别克斯坦第一大出口目的地国和第一大进口来源国。中国对乌兹别克斯坦累计投融资超过 90 亿美元，截至 2020 年 5 月 1 日，在乌中国企业 1701 家，投资合作领域涵盖油气、化工、纺织、电力、煤炭、水泥、钢铁、玻璃、农业、水利、金融、物流、工业园区和国际工程承包等诸多领域。[2] 中国外交部网站的数据显示，我国是吉尔吉斯斯坦第一大贸易伙伴和第一大投资来源国。2020 年，中吉贸易额 29.01 亿美元，同比下降 54.3%，其中，中方出口额 28.66 亿美元，同比下降 54.4%；进口额 0.35 亿美元，同比下降 47.3%。中国是土库曼斯坦第一大贸易伙伴。[3] 据中国海关总署统计，2019 年，中土双边贸易额为 91.17 亿美元，同比增长 8.1%。其中，中方进口 86.86 亿美元，同比增长 7%；出口 4.31 亿美元，同比增长 36%。2020 年 1~8 月，中土双边贸易额 47.78 亿美元，同比下降 25.1%，其中，中方出口 3.06 亿美元，同比增长 35.1%；进口 44.11 亿美元，同比下降 27.4%。[4] 未来，中国与中亚国家在经贸、能源、交通、金融、投资等领域的合作潜力巨大，经济合作的内容将更加丰富，规模将进一步扩大。

---

① 哈萨克斯坦国民经济部统计委员会网站，https：//stat.gov.kz/.
② 乌兹别克斯坦共和国国家统计委员会网站，https：//www.stat.uz/uz/.
③ 中国外交部网站，https：//www.fmprc.gov.cn/web/.
④ 中国海关总署网站，http：//www.customs.gov.cn/.

近年来，中国与东盟之间的关系持续稳定发展，区域合作取得新成效，经济融合进一步加深。根据中国海关总署统计，2018 年，中国—东盟贸易额达 5878.7 亿美元，同比增长 14.1%，增速超过中国对外贸易平均水平，在中国前三大贸易伙伴中增速最快（与欧盟增速 10.6%，与美国增速 8.5%）。其中，中国向东盟出口 3192.4 亿美元，较 2017 年增长 14.2%；从东盟进口 2686.3 亿美元，增长 13.8%。2020 年，中国—东盟贸易额逆势增长，实现双方互为第一大贸易伙伴的历史性突破。此外，中国与东盟还互为重要的外资来源地，截至 2018 年底，中国对东盟累计投资额 890.1 亿美元，双向投资存量 15 年间增长 22 倍。[①] 同时，双方在区域经济一体化建设方面发展也比较快。2010 年中国—东盟自贸区建成；2015 年双方完成了自贸区升级谈判；2020 年双方成功签署了《区域全面经济伙伴关系协定》（RECP）。此外，"10 + 1"（中国和东盟十国）、"10 + 3"（中日韩和东盟十国）、东亚峰会等区域经济制度安排以及澜沧江—湄公河、中国—东盟东部增长区等次区域合作框架，都为中国—东盟的经济合作提供了重要基础。

2.4.2　政治共识趋于一致

经过多年发展，中国与"一带一路"沿线国家达成了广泛共识。习近平总书记在"一带一路"国际合作高峰论坛圆桌峰会的闭幕词中将这些共识总结为以下五个方面。

第一，沿线各国致力于推动"一带一路"建设国际合作，携手应对世界经济面临的挑战。在当前世界经济总体低迷的形势下，"一带一路"建设为各国的经济合作提供了契机，对挖掘新的经济增长点、增强各国内生发展动力、促进全球经济增长具有重要意义，有利于推动经济全球化向包容普惠方向发展。沿线各国对"一带一路"建设国际合作取得的进展给予了积极评价。

第二，沿线各国普遍支持加强经济政策协调和发展战略对接，努力实现协同联动发展。各国都希望通过开展"一带一路"建设国际合作，形成政策协调、规划对接的合力；各国同意加强经济、金融、贸易、投资等领域宏观

---

① 中国海关总署网站，http：//www.customs.gov.cn/.

政策协调，共同营造有利的外部发展环境；各国支持构建开放型世界经济，推动自由贸易区建设，促进贸易和投资自由化便利化；各国期待围绕各自国家的发展战略以及国际和地区组织制定的合作规划加强有效对接，优势互补，协同并进；各国都重视创新发展，支持在跨境电子商务、大数据、智慧城市、低碳发展等前沿领域加强合作，培育新产业、新业态、新模式，挖掘增长新动力。

第三，沿线各国都希望将共识转化为行动，推动各领域务实合作不断取得新成果。各国认为，互联互通有助于打破制约经济发展的瓶颈，对增强各国发展动力、改善民众福祉具有重要意义。"一带一路"建设国际合作要继续把互联互通作为重点，以重大项目和重点工程为引领，推进公路、铁路、港口、航空、油气管道、电力、通信网络等领域合作，打造基础设施联通网络。各国都重视投资和融资合作，支持扩大相互金融市场开放，鼓励开发性金融机构发挥重要作用，努力构建稳定、可持续、风险可控的金融保障体系。

第四，沿线各国都期待架设各国民间交往的桥梁，为人民创造更美好的生活。各国都认为，文明交流互鉴是古丝绸之路留下的精神财富，民心相通应该成为"一带一路"建设国际合作的重要组成部分。各国愿探讨多层次、宽领域的人文合作，加强教育、科技、文化、卫生、旅游、体育等领域交流合作，搭建更多合作平台，开辟更多合作渠道；各国愿积极创造条件，让社会各阶层、各群体都参与到合作中，营造多元互动、百花齐放的人文交流局面；各国愿顺应人民期待，加强环境保护、应对气候变化、反腐败等领域合作；各国愿完善签证便利化举措，让各国民间往来更顺畅、更舒心。

第五，沿线各国坚信"一带一路"建设是开放包容的发展平台，各国都是平等的参与者、贡献者、受益者。我们将以海纳百川的胸襟，坚持共商、共建、共享原则，相互尊重、民主协商、共同决策，在开放中合作，在合作中共赢。

2.4.3 交通基础设施不断完善

近年来，在沿线地区和国家的共同努力下，亚欧大陆的交通基础设施不断完善，互联互通水平不断提高，为"一带一路"建设提供了良好的交通基础。由于"一带一路"涉及国家众多,不可能一一介绍该地区每个国家的基础设施建设情况,因此,后面主要以中国与周边国家在交通基础设施建设方面取得的主要成果为例说明这一情况。

新亚欧大陆桥经济走廊是"一带一路"六大经济走廊的重要组成部分,它的重要基础是第二亚欧大陆桥。第二亚欧大陆桥于 1985 年恢复建设,1990 年 9 月 12 日中国的北疆铁路与苏联土西铁路在阿拉山口接轨,标志着第二大陆桥全线贯通;1992 年 12 月 1 日,第二大陆桥开始正式运营。据测算,第二大陆桥的运输里程比第一大陆桥缩短了约 2000 千米,比绕道印度洋、苏伊士运河的海运运距缩短了 8000 多千米,较绕道非洲好望角的运距缩短了 15000 多千米。运距的缩短,使走这条陆桥比走第一陆桥运费减少 12%,比走海路的运费减少 20%~25%,同时商品在途时间约缩短一个月。第二大陆桥建成初期,存在运力严重不足的问题,对于沿线经济的带动作用也不明显。经过 20 多年的建设,第二大陆桥运力有了很大发展,国际过境运输量逐年增加,据乌鲁木齐阿拉山口海关统计,阿拉山口口岸过货量从当初 72 万吨上升到 2020 年的 2543.7 万吨,运量增速十分明显[①]。第二亚欧大陆桥不仅为亚欧间经贸联系提供了便捷的运输通道,更预示着一条现代化的经济走廊和文明传播纽带的崛起。

近年来,中国—中亚间交通设施不断改善,多元化的运输格局已经形成。沿陇海铁路、兰新铁路进入中亚地区的铁路干线已成为新亚欧大陆桥的重要组成部分;中国与中亚地区多条公路相互衔接,路网密度不断提高;从连云港到圣彼得堡的公路运输走廊,即"西欧—中国西部"项目,简称"双西工程",正在建设;中国与中亚国家间的直达航线不断增加;连接主要成员的亚欧光缆和中俄光缆已经建成。与此同时,中国与中亚的能源合作更是不断取得突破性进展。2006 年 7 月 11 日中哈石油管道正式开通,全长2800 千米,成为中国同里海相连的能源大动脉。据中国石油天然气集团有限公司统计,截至 2017 年 3 月 29 日,中哈石油管道投用近 11 年累计向中国输送原油达到 1 亿吨,成为我国三大陆上能源战略通道中第一个建成投用且输

---

① 中华人民共和国乌鲁木齐海关官网,http://urumqi.customs.gov.cn/.

油量达亿吨的跨国管道。[①] 中哈原油管道一方面把哈萨克斯坦中部油区的原油通过阿塔苏—阿拉山口线出口中国，并通过阿拉山口—独山子管线供应西部炼厂；另一方面连接哈萨克斯坦中部油田和东部炼厂，成为哈萨克斯坦能源产业链至关重要的一环。中国—中亚天然气管道是世界上最长的管道，自"一带一路"倡议提出以来，中国—中亚天然气管道建设稳步推进，其中 A、B、C 线已相继建成投产，D 线也已开始开工建设。据中国国家石油天然气管网集团西部管道有限责任公司统计，自 2009 年 12 月 14 日，中国、土库曼斯坦、哈萨克斯坦、乌兹别克斯坦四国元首在土库曼斯坦阿姆河第一天然气处理厂共同转动通气阀门正式开始输气以来，截至 2020 年 12 月 31 日，中国—中亚天然气管道累计向中国输气超 390 亿立方米[②]。可以说，以铁路为主体，包括公路、航空、管道、通信和口岸设施在内连接中国—中亚的交通走廊硬件设施已经初显规模。在中国政府优惠贷款和大力援助的支持下，中国企业还在中亚地区参与了公路、电信、电力等基础设施建设的多个项目。中吉乌公路、塔乌公路、塔吉克斯坦境内输变电线等一批经济合作项目已经成功启动或在规划之中。随着区域内基础设施的不断完善，分布于本地区的能源、交通、电信等网络已初显轮廓。

在南亚地区，中国着力打造中巴经济走廊和孟中印缅经济走廊。中巴经济走廊是中巴经济合作的重要组成部分，是"一带一路"的示范项目。作为连通"一带"与"一路"的重要枢纽，中巴经济走廊成为打通"一带"与"一路"两个倡议的连接区、交汇区、受益区。中巴两国同意，以中巴经济走廊为引领，以瓜达尔港、能源、交通基础设施、产业园区合作为重点，打造"1+4"的合作布局。目前，走廊各个项目推进顺利。正如中国驻巴基斯坦大使孙卫东所说，中巴经济走廊的概念远远超出了一条路，是一个综合性的概念。它将依托中巴现有的主干公路和铁路，未来实现两国公路、铁路、航空、光缆、油气管线等五位一体的对接。目前，中巴经济走廊在公路、铁路、管道等方面的建设已经有一定的规划和基础。孟中印缅经济走廊起源于20 世纪 90 年代末的《昆明倡议》（Kunming Initiative），旨在促进由中国西南经缅甸、印度东北部地区、孟加拉国到印度东部这一次区域的经贸发展和

---

① ②　中国石油天然气集团有限公司官网，http：//www.cnpc.com.cn/cnpc/index.shtml.

合作。2013 年 5 月，李克强访印期间，中印共同倡议建设孟中印缅经济走廊，推动中印两个大市场更紧密连接。孟中印缅经济走廊的建设对深化四国合作关系，推动中国与东南亚、南亚地区互联互通合作具有重要意义。当前，由于印度对参与"一带一路"的态度不是很积极，因此，孟中印缅经济走廊能否建成尚需观察。

中国与东盟的基础设施建设和互联互通合作不断发展，据商务部统计，截至 2019 年底，中国企业累计在东盟国家签订的基础设施建设工程合同额达到 4516.9 亿美元，累计完成合同额 3026.3 亿美元。① 目前，还有一大批公路、铁路、港口、航空、电力、桥梁等项目在实施。2017 年，马来西亚东海岸铁路项目开工，中泰铁路推进取得阶段性进展，印度尼西亚雅万高铁瓦利尼隧道开工，中老铁路建设按期有序建设，一系列基建项目的顺利推进，促进了中国与东南亚国家的互联互通。沿线基础设施水平的不断提高，为"一带一路"建设提供了保障。

2.4.4 政策机制更加完备

推进跨区域经济合作，建设"一带一路"，需要有政策与机制支持。"一带一路"倡议提出之前，该地区就已经具备一定的政策与机制基础；"一带一路"倡议提出后，在中国与沿线各国的共同努力下，该地区的政策与机制更加完备，为"一带一路"建设创造了良好的条件。20 世纪 90 年代，我国政府就提出了区域经济合作发展规划和一系列关于第二亚欧大陆桥的运输管理办法，明确了依托第二亚欧大陆桥交通干线，发挥中心城市作用，有重点地推进西部大开发等重要决策。1994 年，《中国 21 世纪议程优先项目计划》将第二亚欧大陆桥沿线列入可持续发展首批优选项目。《国民经济和社会发展"九五"计划和 2010 年远景目标纲要》中提出，要以亚欧大陆桥为纽带，加快西北地区的基础设施建设和资源开发。2000 年 11 月，国务院组成了 16 个部委参与的"新亚欧大陆桥国际协调机制"，这是新亚欧大陆桥国内最高的领导、指导、协调和研究机构。"十二五"规划把进一步加

---

① 中国商务部官网，http：//www.mofcom.gov.cn/article/tongjiziliao.

强第二亚欧大陆桥建设列入规划,加大建设力度,加强与沿桥各国的协调合作,使其成为我国另一个横向的经济增长带和便捷、经济的国际跨国运输大通道。第二亚欧大陆桥开通以来,在国家政策措施的有力推动下,迈出了新的步伐。在这个过程中,沿线其他国家也表现出开放发展的意愿。20 多年来,沿线国家和地区本着"信任、合作、发展"的原则,共同研究影响和制约区域经济发展的重大问题,积极开展多领域、多层次的交流和合作,有力地促进了沿桥地区资源开发和经济振兴。吉尔吉斯斯坦提出了"丝绸之路外交构想",并将其定为吉尔吉斯斯坦外交政策的基本方针。阿卡耶夫表示"吉尔吉斯斯坦能够而且愿意充当丝绸之路沿线各国之间的联系环节"。1999 年在《中哈关于在二十一世纪继续加强全面合作的联合声明》中宣称,"双方认识到两国具有地缘邻近的优势,高度重视在国际交通运输领域的广泛合作,愿为复兴古丝绸之路而共同努力"。近几年,沿线各国对于第二亚欧大陆桥以及丝绸之路经济带的关注和支持程度不断增加,与之相关的国际会议和论坛不断增加,例如联合国新丝绸之路市长论坛、大陆桥论坛、2011 年对话大陆桥圆桌会议(沧州渤海新区)、丝绸之路复兴计划项目、2013 年新亚欧大陆桥运输合作恳谈会等。

上述工作对"一带一路"的建设无疑是一种推动。众多国际组织对丝绸之路经济带的建设给予了支持,区域经济合作的法律基础和组织机制正在不断完善。上海合作组织专门成立了负责组织和协调区域经济合作的成员经贸部长会议机制,下设高官委员会和海关、质检、电子商务、投资促进、发展过境潜力、能源、信息和电信等重点合作领域专业工作组,各工作组通过加强海关互助、海关统计等方面的合作与协调,担负着落实峰会及总理会议在经贸领域决议的重任。联合国开发计划署、亚洲开发银行、世界银行、联合国亚洲及太平洋经济社会委员会等众多国际组织在丝绸之路沿线建设过程中也发挥了重要作用。一方面,这些国际组织邀请相关专家进行实地考察和调研,从资金、技术、政策等方面给予该项目大力支持;另一方面,通过组织沿线国家和地区各城市间的对话和协商,开辟多种合作渠道,减少贸易壁垒,力图把各方的经贸合作提升到一个新的水平。"一带一路"倡议提出后,在中国与沿线国家的共同努力下,该地区逐渐形成了多层次的合作机制,既有双边的,又有多边的;既有区域、次区域性的,也有全球性的。当前,

"一带一路" 倡议下的合作机制主要有以下三类。

（1）双边合作机制。"一带一路" 倡议提出后，我国积极与沿线国家进行政策沟通和协调，不断加强双边合作，推动双边关系全面发展。主要措施有：推动签署合作备忘录或合作规划，建设一批双边合作示范；建立完善双边联合工作机制，研究推进 "一带一路" 建设的实施方案、行动路线图；充分发挥现有联委会、混委会、协委会、指导委员会、管理委员会等双边机制作用，协调推动合作项目实施。据商务部网站统计，截至 2019 年 4 月，中国政府已与 126 个国家和 29 个国际组织签署 174 份合作文件，① 特别是 "一带一路" 国际合作高峰论坛期间，签署了 270 多项经贸等多领域合作文件。与此同时，中国还与多个国家的战略规划实现对接，推动了 "一带一路" 建设的深入发展。

（2）多边合作机制。在 "一带一路" 建设中，我国注重强化多边合作机制作用，发挥上海合作组织、中国—东盟 "10＋1"、亚太经合组织、亚欧会议、亚洲合作对话、亚信会议、中阿合作论坛、中国—海合会战略对话、大湄公河次区域经济合作、中亚区域经济合作等现有多边合作机制的作用，相关国家加强沟通，让更多国家和地区参与 "一带一路" 建设。

（3）除此之外，我国还注重发挥沿线各国区域、次区域相关平台的建设性作用，继续发挥沿线各国区域、次区域相关国际论坛、展会以及博鳌亚洲论坛、中国—东盟博览会、中国—亚欧博览会、欧亚经济论坛、中国国际投资贸易洽谈会，以及中国—南亚博览会、中国—阿拉伯博览会、中国西部国际博览会、中国—俄罗斯博览会等平台的建设性作用，取得了良好的效果。上述机制为 "一带一路" 建设提供了重要平台和保障。

2.5 小结

"一带一路" 赋予了古代丝绸之路以新的时空意义，一方面为中国国内全面深化改革塑造了新的外部环境；另一方面也为中国的全方位开放提供了

---

① 中国商务部网站，http：//www. mofcom. gov. cn/.

空间和方位，从而为新整合后的亚欧大陆和沿海合作接入了新的动力，为世界性繁荣描绘了一幅 21 世纪新图景。

"一带一路" 是在持续性时空中共同建设起来的，是人民的、历史的、实践的，它承载着不同文化、语言、技艺、传统和国家的人民之间和平合作、开放包容、互学互鉴、互利共赢的精神。当前，欧亚国家都面临同样的课题和时代任务，就是转变发展方式、培育新的发展动力，这就需要沿线各国将本国的发展规划和蓝图与共同建设 "一带一路" 相结合，从而让这条友谊之路、传奇之路再次惠及沿线各国人民，成为 21 世纪的和平之路、合作之路、共赢之路。

| 第3章 |

"一带一路"背景下对外直接投资现状

改革开放 40 多年以来，我国经济总量和综合国力显著提升，国内企业"走出去"成为必然趋势，对外直接投资（OFDI）取得了飞速发展。在当前世界经济复苏艰难曲折、全球对外直接投资流量下降的情况下，中国政府加快"一带一路"建设步伐，积极推动对外投资便利化进程，中国企业"走出去"的内生动力日益增强。

3.1 中国对外直接投资历程

1978 年之前我国以自给自足的进口替代型经济为主，此后，随着我国对外开放政策逐步落实，对外直接投资开始稳步增长，2000 年以后进入快速增长时期。中国对外直接投资历史发展进程具体可划分为四个阶段。

3.1.1 第一阶段：萌芽起步阶段（1978~1991 年）

得益于改革开放政策施行所带来的经济体制、社会体制等各方面的变革，中国对外直接投资从 20 世纪 70 年代末开始缓慢起步。1978 年的对外开放政策，是中国第一个提供开展海外业务的制度性框架政策。1979 年 8 月 13 日，国务院在颁布的 15 项经济改革措施中，第 13 项中首次明确提出了"出国办企业"的号召，拉开了中国企业开展对外直接投资的序幕，标志着中国政府已把企业"走出去"作为对外开放政策的一部分。为了进一步规范和促进对外直接投资的发展,原外经贸部(今商务部)又先后于 1984 年和 1985 年颁布了《关于在国外和港澳地区举办非贸易性合资经营企业审批权限和原则的通知》和《关于在境外开办非贸易性企业的审批程序和管理办法的试行规定》,这两项政策规定实现了企业对外直接投资由原来的个案审批到规范性审批的转变,管理体制的变革为中国对外直接投资的进一步发展奠定了基础。但是,这一时期由于实行严格的审批制度,政策还仅仅处于"允许"的阶段,只允许少数与中国外经贸部所属的国有企业或者各省、直辖市经贸委员会(现在的发展与改革委员会)所属的经济技术合作企业开展对外直接投资活动。直到 1986 年之后的几年,中国政府才逐渐适当放宽了其政策限制,并通过开办业务培训班和为相关企业提供相应的技术和资金支持,鼓励有条件的企业"走出去"。此时拥有一定海外经营经验和进出口渠道的专业外贸公司开始率先走出国门,在国外通过设立代表处或办事处的形式进行海外投资活动。

在该阶段,中国对外直接投资活动存在着规模小、发展慢的特点。据商务部网站数据显示[①],1982～1991 年,中国对外直接投资流量平均为 5.37 亿美元,流量占全球比重除 1985 年达到 1.01% 之外,其余年份皆在 0.5% 以下,而存量占全球比重除 1991 年达到 0.21% 之外,其余年份皆在 0.2% 以下。投资总量没有突破 10 亿美元大关,投资领域也只是集中在餐饮、建筑工程以及咨询等行业。

3.1.2 第二阶段:初步探索阶段(1992～2000 年)

1992 年邓小平同志的"南方谈话"掀开了中国经济改革的新高潮。此时的中国正处于计划经济逐步向社会主义市场经济转型的时期,市场日益成为资源配置的主要方式。面对日益激烈的市场竞争环境,企业通过"走出去"获取廉价原材料的愿望较为迫切。据商务部数据,1992 年中国对外直接投资的流量就从 1991 年的 9.13 亿美元跃升至 1992 年的 40 亿美元,在一

---

① 中国商务部网站,http://data.mofcom.gov.cn/.

年的时间内增加了 338.12%。截至 1992 年底，中国企业已在全球 120 多个国家和地区通过独资、合资或合作等形式兴办了 4117 家不同类型的企业，投资领域从餐饮、建筑工程以及咨询等行业扩大到工程承包、物流运输、机械加工、文化旅游等相关的第三产业。[1]

但是，1994 年进行了外汇体制改革，开始实行人民币汇率双轨制并轨，当年由于人民币大幅贬值，我国国内出现了严重的通货膨胀和经济过热等一系列问题。直接导致了中国对外直接投资流量从 1993 年 44 亿美元骤降至 1994 年的 20 亿美元，[2]降幅达 1/2 之多。随之而来的 1997 年的亚洲金融危机，中国政府担忧国内资本外逃和国有资产流失，进一步实施了严格的外汇管理制度和审批制度。1993 年外经贸部颁布了《境外企业管理条例》，规定凡投资额在 100 万美元以上的项目，需报告国家计委会同有关部门审批，凡投资额在 3000 万美元以上的项目，需报告国家计委会同有关部门初审后报国务院审批。严格的审批制度使中国对外直接投资发展势头受到了一定的影响。1994~2000 年的 7 年时间内平均对外直接投资流量仅为 20 亿美元，2000 年中国对外直接投资流量占全球比重仅为 0.08%，达到历史新低。[3]

3.1.3　第三阶段：快速发展阶段（2000~2013 年）

进入 21 世纪，中国对外直接投资进入了新的发展阶段。2000 年 3 月召开的全国人大九届三次会议正式把"走出去"战略提升到国家战略层面，并于 2001 年将其写入我国《国民经济和社会发展第十个五年计划纲要》，指出鼓励我国具有比较优势和竞争优势的企业进行对外投资，通过健全在金融、保险、外汇以及财税等方面的境外投资服务体系，为我国企业的"走出去"创造条件，通过充分利用国外的物质资源和智力资源促进国内技术进步和产业结构调整。2001 年 11 月，世界贸易组织（WTO）正式批准中国成为成员，标志着中国对外开放迈入了一个新的里程碑，加入 WTO 为中国深度融入世界经济创造了便利条件，也有力推动了中国对外直接投资的稳步增长。截至 2005 年，中国企业境外投资已初具规模。2008 年的金融危机，很多发

---

[1][2][3]　中国商务部网站，http://data.mofcom.gov.cn/.

达国家的跨国公司陷入经营甚至破产的困境，反而为中国企业"走出去"提供了黄金机遇，为我国企业进行跨国并购从而获取其优质品牌和先进的技术提供了可能。

中国"走出去"战略在中国经济发展的每个"五年发展规划"中持续推进和升级。"十五"（2001～2005年），首次提出"走出去"战略；"十一五"（2006～2010年），支持有条件的企业"走出去"；"十二五"（2011～2015年），加快实施"走出去"战略；"十三五"（2016～2020年），以"一带一路"建设为统领，构建全方位开放新格局，通过多种方式合作"走出去"等。中国政府在每个五年计划中均出台了相应的境外投资促进政策，促使企业充分利用两个市场和两种资源，通过对外直接投资活动实现先进技术的获取和逆向溢出，改变中国企业在全球价值链中的地位，逐步实现向全球价值链高端攀升。基于此，随着中国"走出去"战略的深入实施，境外投资的规模迅速扩大，实现了快速平稳的发展。

3.1.4 第四阶段：新阶段（2014至今）

在全球经济新格局下，为顺应经济全球化、世界多极化、社会信息化和文化多样化的潮流，维护全球自由贸易体系和构建新型开放经济新体制。中国秉持开放的区域合作精神，于2013年9月提出了"一带一路"倡议，2015年，《愿景与行动》的颁布标志着"一带一路"倡议正式进入实施阶段。"一带一路"倡议的合作重点为互联互通，而对外直接投资为互联互通中"贸易畅通"的重要组成部分。因此，"一带一路"倡议使中国企业"走出去"迎来了新的发展机遇。目前"一带一路"沿线国家已成为中国对外直接投资的重点区域。截至2019年，中国对外投资（OFDI）已覆盖其沿线的59个国家和地区，流量同比增长38.6%，是对全球对外直接投资增幅的两倍，占当年流量总额的13.7%。①

---

① "一带一路"网站，http：//ydyl. china. com. cn/.

3.2 中国对外直接投资现状

随着中国经济进入新常态，中国正经历着从资本输入国向资本输出国的巨大转变，党的十八大以来，中国对外直接投资蓬勃发展，对培育企业竞争优势、扩大进出口、深化国际经贸关系、提升对外开放水平、促进产业转型升级发挥了积极作用，中国对外投资在世界范围内的影响力不断扩大。根据商务部网站数据，截至 2019 年底，我国投资者在全球 188 个国家或地区设立对外直接投资企业 4.4 万家，年末境外企业资产总额达到 7.2 万亿美元。中国企业从以前被动地融入全球价值链变为主动利用和整合资源，加入全球价值链并占据有利地位。①

3.2.1 对外直接投资稳健发展

2019 年，世界经济增速 2.9%，为 2008 年金融危机以来最低增长。在全球外国直接投资连续 3 年持续下滑的趋势下，中国对外直接投资流量高达 1.31 万亿美元，同比增长 33.2%，占全球当年份额的 10.4%，位列全球第二，仅次于日本。中国已经连续 8 年位列全球对外投资流量前三，对世界经济的贡献日益凸显。如图 3 - 1 和图 3 - 2 所示。

2002 ~ 2019 年，中国对外直接投资的年均增长速度高达 26%，2013 ~ 2019 年累计流量达 10110.3 亿美元，占对外直接投资存量规模的 46%。2016 年以后，中国对外直接投资规模有所下降。从 1961.5 亿美元下降到 2019 年的 1369.1 亿美元。原因主要有两个方面：一是当前全球投资环境不稳定，贸易保护主义势力抬头，一些国家出台了针对性较强的外国直接投资审查制度。例如，2018 年 7 月，美国众议院通过了《外国投资风险评估现代化法案 2018》，对于关键技术、基础设施等方面的投资进行更加严密的审查，尤其针对性地审查来自中国的投资。2019 年 3 月，欧盟理事会批准了《关于建立

---

① 中国商务部网站，http://www.mofcom.gov.cn/article/tongjiziliao/.

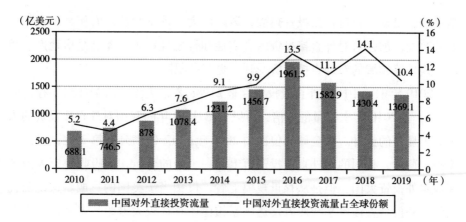

图 3-1 2010～2019 年中国对外直接投资流量及占全球份额

资料来源：历年《中国对外直接投资统计公报》、商务部对外投资和经济合作司。

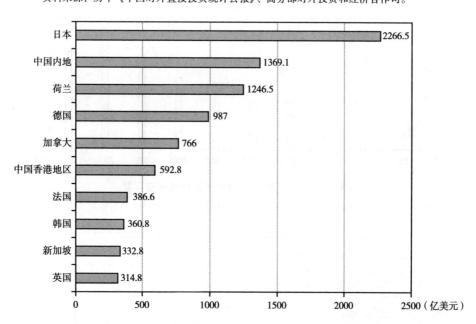

图 3-2 2019 年中国与全球主要国家（地区）流量对比

注：中国数据来源于《中国对外投资合作发展报告（2020 年）》，商务部；

其他国家数据来源于《世界投资报告（2020 年）》，UNCTAD。

欧盟外国直接投资审查框架的条例》，重点关注涉及战略领域的投资并购，将中国一些大型并购项目拒之门外。二是 2016 年我国的对外直接投资呈现跳跃式增长，增速远超之前 5 年的平均增速，导致全国上下对外直接投资热情高涨，出现了盲目扩张投资热潮，风险巨大。基于此，政府相继出台相关监管政策，加强对对外直接投资的真实性和合规性审查，尤其是房地产、酒店、娱乐等领域的对外直接投资受到了更多的限制。

2019 年末，中国对外直接投资存量 21988.8 亿美元，占全球当年存量的 6.4%，是 2010 年末存量的 7 倍，可以看出这 10 年间我国对外直接投资的水平有了显著的提升。在全球的位次由 2010 年的 17 位攀升到第 3 位，仅次于美国和荷兰，我国的对外直接投资迈上了一个新的台阶，由吸收外资大国转变成对外投资大国，但是从存量规模上看，仅相当于美国的三成。这说明我国的对外投资整体水平与西方发达国家相比还存在较大差距，未来也有很大的发展空间。如图 3-3 和图 3-4 所示。

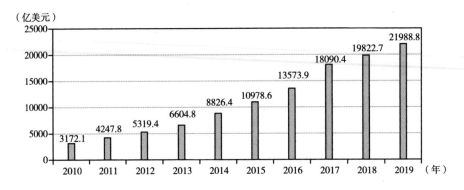

图 3-3 2010~2019 年中国对外直接投资存量

资料来源：历年《中国对外直接投资统计公报》，商务部对外投资和经济合作司。

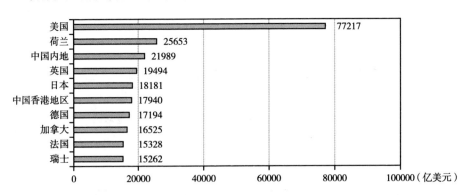

图 3-4 2019 年中国与全球主要国家（地区）存量对比

注：中国数据来源于《中国对外投资合作发展报告（2020 年）》，商务部；其他国家数据来源于《世界投资报告（2020 年）》，UNCTAD。

3.2.2 对外直接投资行业分布广泛，服务业占比最大

2019 年，中国对外直接投资涵盖了国民经济的 18 个行业大类，其中，流向租赁和商务服务、制造、金融、批发和零售这四个传统领域的投资超过百亿元，合计投资 1015.4 亿美元。其中，制造业和批发零售业同比增长分别为 6%、59.1%，租赁和商务服务业、金融业同比分别下降 17.6%、8.1%。即便如此，这四大传统行业依然占据了 2019 年对外直接投资流量总额的 74.2%，尤其是流向租赁和商务服务业的投资达到 418.8 亿美元，占当年对外直接投资流量的 30.6%，可见传统投资领域的投资虽然增长略显乏力，但龙头作用仍十分突出。如表 3 – 1 所示。

表 3 – 1 　　　　　2019 年中国对外直接投资流量行业分布

行业	流量（亿美元）	同比（%）	比重（%）
合计	1369.1	– 4.3	100.0
租赁和商务服务业	418.8	– 17.6	30.6
金融业	199.5	– 8.1	14.6
制造业	202.4	6.0	14.8
批发和零售业	194.7	59.1	14.2
信息传输/软件和信息技术服务业	54.8	– 2.7	4.0
交通运输/仓储和邮政业	38.8	– 24.8	2.8
电力/热力/燃气及水的生产和供应业	38.7	– 17.7	2.8
采矿业	51.3	10.8	3.7
科学研究和技术服务业	34.3	– 9.7	2.5
建筑业	37.8	4.5	2.8
房地产业	34.2	11.5	2.5
农/林/牧/渔业	24.4	– 4.8	1.8
居民服务/修理和其他服务业	16.7	– 27.8	1.2
住宿和餐饮业	6.0	– 55.4	0.4
文化/体育和娱乐业	5.2	– 55.1	0.4
教育	6.5	13.2	0.5
卫生和社会工作	2.3	– 56.7	0.2
水利/环境和公共设施管理业	2.7	51.1	0.2

资料来源：《中国对外投资合作发展报告（2020 年）》，商务部。

在国家对对外直接投资的有序管理下，2019 年流向文化体育娱乐业、住宿和餐饮业的投资均大幅缩减至负值，缩减规模高达 −50% 以上，分别只占据当年对外直接投资流量的 0.4%；流向信息传输、电力生产和供应、科学研究和技术服务等领域的投资虽出现了不同程度的下降，且投资规模较小，占对外投资流量的比重也比较低，但是发展势头强劲，对优化我国对外直接投资结构，培育新的经济增长点起到了重要作用，进一步促进我国从投资大国逐步走向投资强国。

从 2019 年末的对外直接投资存量来看，有六个行业存量规模超过千亿美元，分别是租赁和商务服务业、批发和零售业、金融业、信息传输/软件和信息技术服务业、制造业以及采矿业。这六个行业存量合计 18618.9 亿美元，占中国对外直接投资存量的 84.8%。其中，租赁和商务服务业以 7340.8 亿美元高居榜首，占中国对外直接投资存量的 33.4%；批发和零售业 2955.4 亿美元，位列第二，占比 13.5%；金融业 2545.3 亿美元，位列第三，占比 11.6%；其他行业，信息传输/软件和信息技术服务业占比 9.2%，制造业占比 9.1%，采矿业占比 8%。如图 3 − 5 和图 3 − 6 所示。其中，批发和零售业、制造业、租赁和商务服务业也是境外企业最为聚集的行业，仅这三个行业就有超过 2.6 万家企业，占境外企业总数的 61.1%。可以看出，我国对外直接投资的行业较为集中，近八成集中在第三产业（即服务业）。

图 3 − 5　2019 年末中国对外直接投资存量行业分布

资料来源：《中国对外投资合作发展报告（2020 年）》，商务部。

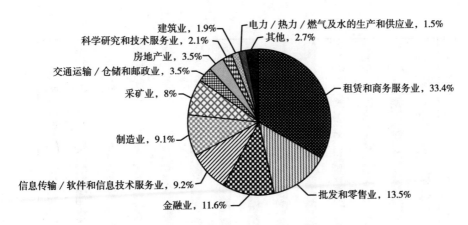

图3-6 2019年末中国对外直接投资存量行业比重

资料来源:《中国对外投资合作发展报告(2020年)》,商务部。

3.2.3 对外直接投资主体日益多元,非国有制企业对外投资活跃

2019年末,对外非金融类直接投资的19443.5亿美元存量中,国有企业占50.1%,非国有企业占49.9%,其中,有限责任公司占15.3%,股份有限公司占9.1%,民营企业占7.6%,个体经营占6.9%,港澳台投资企业占3.7%,外商投资企业占3.4%,股份合作企业占0.4%,集体企业占0.3%,其他占3.1%。对比2010~2019年中国国有企业和非国有企业存量占比情况(见图3-7),可以看出国有企业占比逐渐下降,民营企业占比不断上升,开始逐渐和国有企业并驾齐驱。2017年,中国非国有制企业存量首次超过国有企业存量,占比高达50.9%。说明了我国对外直接投资主体结构在不断改善,非国有企业的投资水平和科研能力不断增强,"走出去"的能力也越来越强,逐渐成为我国对外直接投资的新生力量,为中国对外直接投资做出了巨大贡献。未来随着政策的不断完善,民营企业的对外直接投资规模还会迎来新的飞跃。

3.2.4 对外直接投资区位集中在亚洲,行业区域分布异质性强

随着中国企业参与国际竞争的实力逐渐增强,中国对外直接投资的区域分

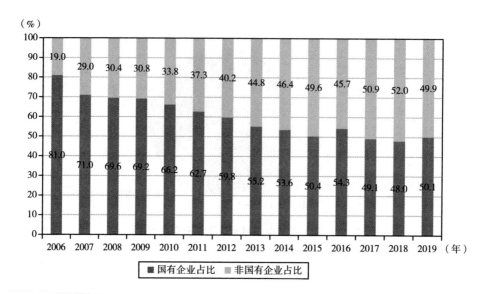

图3-7 2006~2019年中国国有企业和非国有企业存量占比情况

资料来源：历年《中国对外直接投资统计公报》，商务部对外投资和经济合作司。

布也越来越广泛。2019年末，中国对外直接投资分布在全球的188个国家（地区），占全球总数的80.7%。但是从整体来看，区域分布并不平衡，区域集中度较高，不利于风险的分散。从存量上看，2019年末，中国对外直接投资存量的87.3%分布在发展中经济体，集中在亚洲；11.4%分布在发达经济体，集中在欧盟、美国和澳大利亚；1.3%分布在转型经济体（见图3-8）。从流量上看，2019年中国流向欧洲的投资增长最快，同比增长59.6%，成为中国对外投资流量的新兴目的地，但是投资额不多，仅占当年对外直接投资流量的7.7%；流向亚洲的投资额最多，占当年对外直接投资流量的80.9%，但是投资增长速度较为缓慢，同比增长仅5.1%。对拉丁美洲、北美洲、非洲和大洋洲的投资均呈下降状态，其中，对拉丁美洲的投资同比下降幅度最大，达到了56.3%；对北美洲和非洲的投资同比均下降了49.9%；对大洋洲投资同比下降了6.3%。造成这一现状的主要原因是这几个洲的部分国家加强了对外资流入的审查，使我国的一些海外投资项目受到了限制。

值得注意的是，2019年中国内地对中国香港地区的直接投资流量达到了905.5亿美元，占总额的66.1%，可见，香港地区凭借其自身区位优势和政策支持，成为中国内地对外投资的首选，也是内地企业走向海外的中转港。

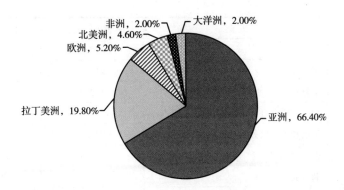

图 3 - 8   2019 年中国对外直接投资存量地区分布情况

资料来源:《中国对外投资合作发展报告 (2020 年)》,商务部。

从行业分布来看,中国对外直接投资行业的分布差异性较大,集中度较高。亚洲地区,租赁和商务服务业占比最高,占亚洲所有行业投资存量的41.5%。非洲、欧洲和北美洲主要集中在第二产业,我国在非洲对建筑业和采矿业的投资占比分别为 30.6% 和 24.8%。欧洲地区则集中在制造业,制造业的对外直接投资存量占比达到了 33.1%。北美洲主要在制造业和采矿业,分别占比 21.4% 和 18.5%。拉丁美洲信息传输、软件和信息技术服务业占比 35.8%,租赁和商务服务业占比 22.7%。大洋洲主要集中在采矿业,占比高达 48% (见表 3 - 2)。造成行业分布差别的主要原因是:一部分对外直接投资面向的是东道国的优势产业以便获得技术上的升级;另一部分对外直接投资是为利用东道国丰富的资源与国内进行互补,各国优势各不相同,也就造成了对外直接投资行业分布的巨大差别。

表 3 - 2   2019 年末中国对各洲直接投资存量前三位的行业

地区	行业	存量 (亿美元)	比重 (%)
亚洲	租赁和商务服务业	6059.4	41.5
	批发和零售业	2197.5	15.0
	金融业	1864.6	12.8
非洲	建筑业	135.9	30.6
	采矿业	110.2	24.8
	制造业	55.9	12.6

续表

地区	行业	存量（亿美元）	比重（%）
欧洲	制造业	378.0	33.1
	采矿业	211.8	18.5
	金融业	172.7	15.1
拉丁美洲	信息传输/软件和信息技术服务业	1561.0	35.8
	租赁和商务服务业	991.5	22.7
	批发和零售业	606.3	13.9
北美洲	制造业	214.5	21.4
	采矿业	185.8	18.5
	金融业	142.3	14.2
大洋洲	采矿业	209.3	48.0
	金融业	46.8	10.7
	租赁和商务服务业	42.1	9.6

资料来源：《中国对外投资合作发展报告（2020 年）》，商务部。

3.2.5 对外直接投资政策制度进一步完善

中国的对外直接投资政策与改革开放的发展进程密切相关，伴随着中国经济实力的不断增强，国际竞争力的不断提升，需要在更大范围和更高层次上参与国际经济技术合作和竞争。基于此，我国政府不断出台并完善相关政策，鼓励中国企业更快更好地"走出去"。

目前，中国已经与全球 130 多个国家或地区签订了双边投资协定，2018 年全年签署投资合作协议 18 项，与 16 个国家召开双边投资合作工作组会议，对促进双边投资的健康发展起到了重要作用。近些年中国逐渐升级并签订新的国际投资协定，积极推进投资自由化，例如更新与德国的双边投资协定，新签订的中国与加拿大的双边投资协定、日韩投资协定等，我国已经开始推广准入前国民待遇加负面清单管理模式，逐步与发达国家接轨，进一步提升了对外投资的深度和广度。此外，中国积极维护以规则为基础的多边经贸体制，积极参与国际投资争端解决机制改革进程，向世界提出中国方案，越来越多地参与到国际规则的制定中。

在国内政策方面,中国政府继续健全促进对外投资政策和服务体系,为企业"走出去"保驾护航。2018 年 1 月,国家发展改革委、商务部等 28 部门印发《关于加强对外经济合作领域信用体系建设的指导意见》,加强对外投资领域信用体系建设,规范对外经济合作秩序。同月,商务部等 7 部门共同发布了《对外投资备案(核准)报告暂行办法》,一方面推行负面清单的管理方法,提升对外投资便利程度和监管力度;另一方面建立了分级分类的对外投资管理模式,健全了事中事后监管方式,提升了对外投资监管力度和效率。2019 年 7 月,商务部制定了《对外投资备案(核准)报告实施规程》,贯彻落实《对外投资备案(核准)报告暂行办法》,有利于加强对外投资事中事后监管,推动对外投资健康有序发展。2018 年,商务部和省级相关主管部门共备案、核准对外投资企业 8786 家,相较 2017 年增加了 2614 家,政策的便利化大幅度加快了企业对外投资的步伐,也使企业的各方面权益得到了保障。

2019 年 12 月,最高人民法院发布《关于人民法院进一步为"一带一路"建设提供司法服务和保障的意见》,强调充分发挥司法职能作用,从司法层面为共建"一带一路"营造更加稳定、公平、透明、可预期的营商环境,也提高了我国对外直接投资活动的国际化、法治化和便利化。在财税和金融政策方面,国家为企业提供的支持越来越完善,包括企业融资、金融保险和税收优惠,以缓解不同行业和不同规模对外直接投资企业的资金紧张问题。

3.3 "一带一路"背景下对外直接投资现状

因地理位置、资源禀赋等区位优势影响,我国与"一带一路"沿线国家在基础设施建设、产能合作以及能源投资等方面一直保持了良好的投资合作关系,为我国"一带一路"建设的推进提供了坚实的合作基础。同时,由于沿线各国的政治经济环境不同,民族文化背景的差异,我国对外直接投资也面临着很大的挑战。

3.3.1 "一带一路" 对外直接投资动因

3.3.1.1 市场寻求动因

"一带一路" 沿线 65 个国家，总人口约 44 亿人，经济总量约 21 万亿美元，分别占全球的 63% 和 29%。虽然现在经济总量没有欧美发达市场那么大，但是因为多是新兴经济体和发展中国家，所以存在着巨大的发展潜力。根据中国国际经济交流中心联合对外经济贸易大学、路孚特、国家开发银行研究院等机构编制并发布的《"一带一路"贸易投资指数》（BRTII），2017 年"一带一路"内部贸易在全球总贸易中的占比达 13.4%，成为仅次于欧盟的全球第二大贸易板块。2013 ~ 2018 年，我国与沿线国家货物贸易额超过 6 万亿美元，将是未来一个潜在的巨大市场。在市场寻求的驱动下，我国许多企业对"一带一路"沿线的投资是为了扩大市场规模，增强国外的购买力。根据 BRTII 的研究内容预计，未来"一带一路"有望成为全球新的贸易投资增长中心之一。

3.3.1.2 效率寻求动因

效率寻求具体指的就是追求更高的劳动效率。近年来，由于我国的经济发展迅速，国内劳动力的工资成本逐渐提高，劳动力资源丰富带来的"人口红利"也开始减退。中国企业在"一带一路"沿线投资可以有效地整合国内国际"两个市场"和"两种资源"，带来全球配置资源要素的良机。我国企业对"一带一路"沿线投资，带去了中国的技术、设备、资本和服务，再结合当地的土地、资源和市场优势，既符合中国企业拓展海外市场、优化外部需求结构的现实需要，还可以有效盘活当地要素，提升所在地工业化水平，从而实现全球产业链层面的效率提升。

3.3.1.3 技术寻求动因

科技合作是"一带一路"重要的合作内容之一，欧洲国家在这个领域具有优势，我国在通信设备、高速铁路、核电、水电、光伏电池等领域也具有一定优势，中国与欧洲在大数据、人工智能、材料和计算等领域的科学合作可为各方带来共赢。

3.3.1.4 竞争优势动因

竞争优势理论作为国际投资理论中的重要组成部分，在我国企业进行 "一带一路" 对外直接投资中发挥了重要作用。我国企业在国内拥有的高效的管理体系，强大的信息网络，优秀的人才支持，以及充裕的资金来源，都使得对外直接投资企业能够克服与当地企业竞争的不利地位，可以更好地进行对外直接投资。

3.3.2 对外直接投资特征

3.3.2.1 投资规模

近年来，中国对 "一带一路" 沿线国家投资稳步增长。商务部网站数据显示，2013～2019 年，中国对 "一带一路" 沿线国家累计直接投资 1173.1 亿美元。2019 年实现直接投资 186.9 亿美元，同比增长 4.5%，占同期中国对外直接投资流量的 13.7%；年末存量 1794.7 亿美元，占中国对外直接投资存量总额的 8.2%。[①]

2020 年以来，受新冠肺炎疫情的影响，跨境人员物资流动受到限制，当地项目生产建设经营受到一定冲击。在国家各项政策的支持鼓励下，我国各境外项目保持平稳有序发展。根据中国海关总署数据统计，2020 年我国对外直接投资 1329 亿美元，位居全球前列，实现规模总体稳定、结构更加优化；截至 2020 年底，我国对外直接投资存量超 2.3 万亿美元，比 2015 年末翻一番，对外投资大国地位稳定。2020 年，我国对 "一带一路" 沿线国家投资 177.9 亿美元，增长 18.3%，占全国对外投资比重上升到 16.2%；对重点行业投资实现较快增长，对装备制造业、信息技术业、科研和技术服务业投资分别增长 21.9%、9.6% 和 18.1%。[②]

3.3.2.2 投资区域

中国对 "一带一路" 沿线国家直接投资的区域分布差异大，分布不平

---

① 中国商务部网站，http：//www.mofcom.gov.cn/article/tongjiziliao/.
② 中国海关总署网站，http：//www.customs.gov.cn/.

衡。截至 2019 年末，中国在"一带一路"沿线共 63 个国家和地区开展了直接投资活动，设立境外企业超 1 万家，涵盖了国民经济 18 个行业。[①]

从区域分布来看，东盟地区是"一带一路"国家中吸引中国直接投资额最多的地区。仅 2018 年一年，中国在东盟地区就设立投资企业 5200 家，雇用外方员工 43 万人，为东盟国家解决了较多就业岗位。2020 年，中国对东盟全行业直接投资 143.6 亿美元，同比增长 52.1%。[②]

西亚和独联体是中国直接投资规模较大的两个地区，也是 2010 年以来投资增长较快的地区。西亚地区资源丰富，是中国资源能源的主要供给地之一，但是基础设施建设相对落后，因而在西亚地区，能源开发和基础设施领域有着巨大的投资空间。2014 年 6 月，习近平主席在中阿合作论坛部长级会议上提出中阿共建"一带一路"，构建"以能源合作为主轴，以基础设施建设、贸易和投资便利化为两翼，以核能、航天卫星、新能源三大高新领域为突破口"的"1 + 2 + 3"合作格局。阿拉伯国家是中国企业进入国际工程承包市场的最早突破口，目前业务规模仍占中国工程企业海外业务的 1/5 左右。2016 年，中国企业在阿新签合同额达 404 亿美元，完成营业额达 336 亿美元。[③] 同年，中国—海湾阿拉伯国家合作委员会（海合会）自贸区谈判重新启动并取得实质性进展，将成为拉动中阿贸易和投资的新引擎。中国企业在埃及建设的苏伊士经贸合作区已有近 70 家企业入驻，并带动阿曼、沙特、摩洛哥等国与中国企业探讨开展工业园区开发合作。此外，中国企业在沙特、阿联酋、埃及、阿尔及利亚、吉布提等国广泛参与港口建设和投资，实施公路、铁路、输油管线、供水管网等项目，并成为阿拉伯国家通信网络建设的重要合作伙伴。

中国对独联体地区的投资集中于俄罗斯。俄罗斯作为横跨欧亚大陆的"一带一路"国家，是中国在《推动共建丝绸之路经济带和 21 世纪海上丝绸之路的愿景与行动》中重点提到的国家。近年来，中国与俄罗斯加强合作，相继签订了《中俄远东合作发展规划》《"东北—远东"农业合作规划》《中

① 《中国对外投资合作发展报告（2020 年）》，商务部。

② 《对外投资合作国别（地区）指南——东盟（2020 年）》，商务部国际贸易经济合作研究院、中国驻东盟使团经济商务处、商务部对外投资和经济合作司。

③ 中国商务部网站，http://www.mofcom.gov.cn/article/tongjiziliao/。

国与欧亚经济联盟经贸合作协议》等合作协议，中俄双边经贸合作规模稳步扩大，质量持续优化，2019 年中俄双边贸易额再创新高，达到 1107.6 亿美元，同比增长 3.4%，其中，进口额约 610.5 亿美元，出口额约 497 亿美元（见图 3 -9）。在中俄持续加强双方对外贸易合作的背景下，2018 年中国对俄罗斯直接投资净额达 72524 万美元，其中，承包工程营业额达 234979 万美元，创下 2013～2018 年历史新高（见图 3 -10）。

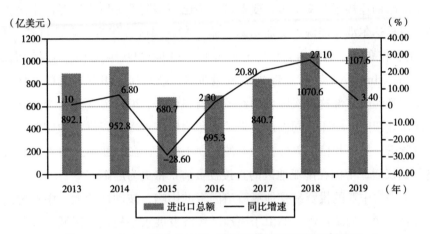

图 3 -9　2013～2019 年中国对俄罗斯进出口贸易总额情况

资料来源：《中国对外贸易行业市场前瞻与投资战略规划分析报告》，前瞻产业研究院。

图 3 -10　2013～2018 年中国对俄罗斯直接投资情况

资料来源：《中国对外贸易行业市场前瞻与投资战略规划分析报告》，前瞻产业研究院。

近年来，中国对南亚的直接投资增长迅速，主要集中于巴基斯坦和印度。中国对南亚的投资量约占中国对"一带一路"投资总量的7%。2015年，中国在南亚国家新签工程承包合同 212.8 亿美元，同比增长 82.1%，主要涉及电站、通信、交通等领域。与巴基斯坦启动了 280 亿美元的基础设施投资项目，包括对巴基斯坦进行铁路改造和电厂建设等。① 作为连通"一带"与"一路"的重要枢纽，中巴经济走廊成为打通"一带"与"一路"两个战略的连接区、交汇区、受益区。中巴两国同意，以中巴经济走廊为引领，以瓜达尔港、能源、交通基础设施、产业园区合作为重点，打造"1+4"的合作布局。孟中印缅经济走廊起源于 20 世纪 90 年代末的《昆明倡议》（Kunming Initiative），旨在促进由中国西南，经缅甸、印度东北部地区、孟加拉国到印度东部这一次区域的经贸发展和合作。2013 年 5 月，李克强总理访问印度期间，中印共同倡议建设孟中印缅经济走廊，以推动中印两个大市场更紧密连接。相信随着外交活动的进一步深入，在印度正式加入"一带一路"倡议后，中国在南亚地区的直接投资前景将更为广阔。

中国对中亚的投资易受地缘政治因素的影响，波动性较大。中亚地区虽然有着丰富的能源资源，但由于该地区经济发展水平较低，区域营商环境较差，给中国投资者带来了一定的风险。中国商务部网站数据显示，2015 年，中国在中亚地区出现了大规模撤资现象，撤资规模达 23.3 亿美元，约占前期投资总规模的 30%。2016 年中国在中亚地区的投资有所回暖，直接投资流量为 10.7 亿美元。长期来看，中国对中亚地区的直接投资还是处于增长态势，其中，哈萨克斯坦投资存量达 28.6 亿美元，占中国对中亚投资份额的 53.8%，以绝对的优势成为中亚五国当中吸引中国直接投资额最多的国家。② 这充分说明中国在中亚地区直接投资的目的地较为集中，有待于进一步优化。中国企业在中亚地区投资建设了公路、电信、电力等基础设施的多个项目。在乌兹别克斯坦顺利建成被称为"中亚第一长隧道"的"安格连—帕普"铁路隧道；在吉尔吉斯斯坦、塔吉克斯坦两国则陆续完成高压输变电项目以及公路、隧道、桥梁建设；与哈萨克斯坦共同实施运营中哈（连

① 中国与南亚经贸合作及第四届中国南亚博览会发布会，国务院新闻办，http://www.scio. gov.cn/xwfbh/xwbfbh/wqfbh/33978/34499/wz34501/Document/1476349/1476349.htm.

② 中国商务部网站，http://www.mofcom.gov.cn/article/tongjiziliao.

云港）物流场站项目，中国西部—西欧国际公路（中国西部—哈萨克斯坦—俄罗斯—西欧）基本建成；中国—中亚天然气管道 D 线开工建设；中吉乌国际公路开通运营；中国与哈萨克斯坦、乌兹别克斯坦等国的双边国际道路运输协定，以及中巴哈吉、中哈俄、中吉乌等多边国际道路运输协议或协定相继签署；中吉乌铁路项目正积极推进前期研究；中国与吉尔吉斯斯坦、塔吉克斯坦、阿富汗签署了丝路光缆合作协议，实质性启动了丝路光缆项目。未来，中国与中亚国家在经贸、能源、交通、金融以及投资等领域的合作潜力巨大，经济合作的内容将更加丰富，规模将进一步扩大。

中东欧地区是"一带一路"沿线的汇合地和终点。近几年，中国与中东欧国家的合作不断深化，前景看好。中东欧国家政治格局虽相对稳定，但市场准入门槛较高，同时中东欧国家对外资进入本国基础设施领域进行投资有着非常严苛的市场监管、法律和技术标准，再加上劳动力成本较高、市场规模不大、与中国产品竞争性较强等因素的影响，致使中国对其投资规模最低。据商务部数据显示，截至 2020 年底，中国对中东欧 17 国全行业直接投资 31.4 亿美元，仅占中国对"一带一路"投资额的 6.7%。① 其中，匈牙利和保加利亚是主要的投资对象国。近年来，我国企业采取各种形式加强在中东欧投资，工业园区和商品集散地成为我国对中东欧国家投资的平台。例如华为在匈牙利建立欧洲物流中心；山东帝豪国际投资有限公司承建中欧商贸物流合作园区，分别在匈牙利首都布达佩斯建设完成"中国商品交易展示中心"和"切佩尔港物流园"。

3.3.2.3 投资主体

由图 3 - 11 可以看出，中国的国有企业对"一带一路"沿线国家直接投资占据着主导地位，民营企业是主要参与者。国企在"一带一路"企业影响力排名前 50 强中占据 56%，充当着开创者的角色。民企占"一带一路"企业影响力排名前 50 强的 42%，也是不可或缺的一部分。据美国传统基金会（Heritage Foundation）统计，截至 2016 年上半年，国企对"一带一路"沿线国家大型项目投资的存量为 1333.1 亿美元，占中国对"一带一路"大型项

---

① 中国商务部网站，http：//www.mofcom.gov.cn/article/tongjiziliao.

目投资总量的 69.3%。① 与那些具备丰富投资经验的跨国公司和开发银行相比，中国企业甄别项目和控制风险的能力更差。由于对"一带一路"沿线国家的投资主要集中在基础设施和能源行业，投资周期长风险高，且需要强有力的资金支持，民营资本并无实力承担，所以国企是主要投资者。但是，民企在建设产业园方面比国企更有优势，可以灵活根据当地市场调整策略，有利于开拓东道国市场，增加投资收益。随着"一带一路"倡议的深入，基础设施建设的完善和经贸合作的深入，民企参加"一带一路"建设热情高涨，与国企一同参与"一带一路"建设。

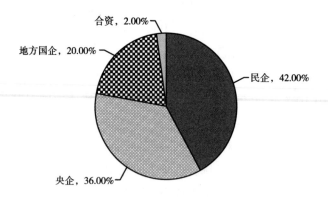

图 3-11 "一带一路"企业影响力排名前 50 企业性质

资料来源：《中国对外投资合作发展报告（2020 年）》，商务部。

3.3.2.4 投资行业

中国对"一带一路"沿线国家投资的行业日趋多元化，分布在多个领域，包括制造业、批发零售业、租赁和商务服务业、采矿业、建筑业、农林牧渔等。其中，对东南亚的投资主要流向租赁和商务服务业、制造业、批发零售业、采矿业和电力热力燃气及水的生产供应；在南亚地区的投资主要流向机械制造和基础设施行业；对于西亚各国的投资，则主要集中在石油领域，新型材料和通信行业的比重也逐年上升；对中亚五国的投资在化工、食品加工和农业等行业均有涉及，且投资规模不断增加；中国除了在中东欧的基础设施建设取得进展之外，还对汽车、电器、重型机械以及信息通信行业

---

① 美国传统基金会网站，https：//www.heritage.org.

进行了直接投资,并成立了中国—中东欧银行联合体,进一步深化了中国与中东欧各国的经贸金融合作。

3.3.2.5 投资模式

从投资模式角度来看,中国对"一带一路"沿线国家的投资以绿地投资为主,并购为辅。根据商务部官网统计数据显示,2005～2015 年,中国对"一带一路"沿线国家投资的 63.5% 采取绿地投资形式,36.5% 采取并购方式。此间,中国年均绿地投资、并购的规模分别为 165.9 亿美元、95.5 亿美元。[1]

中国对"一带一路"沿线国家的绿地投资总体上呈快速增长态势,但波动性较大。2008 年的美国次贷危机和 2011 年的欧洲主权债务危机,对中国在"一带一路"沿线国家的绿地投资产生了显著的负面影响,投资规模分别由阶段性高点 2008 年的 254.6 亿美元、2011 年的 232.3 亿美元大幅降至阶段性低点 2010 年的 120.5 亿美元、2013 年的 32.7 亿美元。[2]2014～2015 年,随着"一带一路"倡议的实施和全球经济形势的好转,中国对沿线国家的绿地投资呈高速增长态势。2015 年的绿地投资额高达 388.36 亿美元,创历史性新高。[3]在"一带一路"沿线地区,中国绿地投资金额最多的地区是东盟,投资增速最快的地区是南亚。2003～2015 年,中国对东盟累计绿地投资745.6 亿美元,位居第一,而对南亚绿地投资的年复合增长率高达 31.6%。[4]绿地投资行业以制造业为主,电力和采矿业紧随其后。

3.3.3 对外直接投资趋势

3.3.3.1 合作平台不断拓展,合作机制更加健全

随着"一带一路"倡议的不断深入推进,中国与"一带一路"沿线国家的合作平台进一步拓展,合作机制更加健全完善。截至 2019 年底,中国已与 25 个国家和地区达成了 17 个自贸协定,正在开展 12 个自贸协定谈判或升级谈判,10 个自贸协定联合可行性研究或升级研究。2019 年,中国首

---

①②③ 中国商务部网站,http://www.mofcom.gov.cn/article/tongjiziliao.
④ FDI Intelligence 数据库,https://www.fdiintelligence.com.

次采取负面清单方式开展中韩自贸区服务投资第二阶段谈判和中日韩自贸区谈判，自贸区建设迈入高标准的"负面清单"时代。中国与毛里求斯签署自贸协定，成为中国与非洲国家的首个自贸协定。此外，中国与新西兰结束了自贸协定升级谈判，推动与巴基斯坦自贸协定第二阶段议定书签署并生效，与东盟、新加坡、智利的自贸区升级议定书生效。

更值得一提的是，《区域全面经济伙伴关系协定》（RCEP）于 2020 年 11 月获得 15 个成员方共同签署，标志着世界上人口最多、成员结构最多元、发展潜力最大的自贸区建设取得重大突破。RCEP 成员都是中国重要经贸合作伙伴。2019 年，中国与其他成员贸易总额约占中国外贸总额的 1/3，来自其他成员的投资额占中国外资总额 10% 以上。RCEP 所形成的区域大市场，将进一步激发各领域合作潜力，做大区域经贸"蛋糕"，让各国企业更好地分享大市场发展机遇。扩大市场准入、便利化措施等将带来区域国家更多特色商品、优质服务、先进技术，更好满足企业生产进步和人民美好生活需要，畅通国内大循环。RCEP 将增强国际国内两个市场、两种资源的联通性，使中国更加有效地融入全球产业链、供应链、价值链，推动产业转型升级和经济高质量发展，促进国内国际双循环，推动加快构建新发展格局。RCEP 各成员经济结构互补性强，贸易投资往来密切，人文交流广泛深入，合作前景广阔。协定签署顺应时代发展潮流，符合各方发展利益，是各成员共同期盼。合作平台的扩展和机制的健全为中国企业"走出去"提供了动力和保障，也为中国企业对外投资保驾护航。第二届"一带一路"国际合作高峰论坛期间，签署了 58 项双边经贸合作机制安排，发布多篇研究报告；成功举办第二届中国国际进口博览会和虹桥国际经济论坛，181 个国家和国际组织参会，3800 多家企业参展，累计意向成交额 711.3 亿美元，比首届增长 23%；[①] 成功举办首届中非经贸博览会等大型展会；积极推动中国国际日用消费品博览会更名为中国—中东欧国家博览会暨国际消费品博览会。同时，中国与沙特、南非等国新建 6 个贸易畅通工作组，累计已建立 8 个工作组；与吉尔吉斯斯坦、孟加拉国等新建 9 个投资合作工作组，累计建立 44 个工作组；与意大利等五国新签电子商务合作文件，累计与 22 个国家建立合作

---

① 中国国际进口博览会，https://www.ciie.org/zbh/bqxwbd/20191111/20063.html.

机制。此外,中国与韩国、缅甸、马来西亚、日本、奥地利、芬兰、希腊、捷克、荷兰等国共同召开双边经贸联委会等机制性会议,全面梳理双边经贸合作情况和问题,共商深化合作路径。

3.3.3.2 投资规模持续增长,领域更加多元化

"一带一路"沿线国家(地区)市场规模和资源禀赋各有优势,互补性强,潜力巨大,合作前景广阔。各国在充分照顾各方利益和关切基础上,凝聚共识,将共识转化为行动,按照战略对接、规划对接、平台对接、项目对接的工作思路,形成更多可视性成果,实现优势互补,促进共同繁荣发展。

中国企业在"一带一路"国家的投资,为所在国家和地区带去了资金和技术,促进了产业的发展,创造了就业岗位,日益成为推动中国与各国互利共赢、共同发展的重要力量。按照第二届"一带一路"国际合作高峰论坛达成的共识,高质量共建"一带一路"将继续把互联互通作为重点,聚焦基础设施的互联互通。随着"一带一路"建设不断走深走实,中国对外投资的行业领域将更加多元化。除租赁和商务服务业外,中国企业在制造业、批发和零售业、建筑业、电信、新能源、航空航天及高新技术产业等领域的投资将快速增加,产业合作体系日臻完善。2020年,受新冠肺炎疫情影响,全球经济陷入衰退,国际贸易、投资活动萎缩。在这种形势下,中国秉持共商共建共享原则,加大与"一带一路"沿线国家的抗疫合作,指导境外中资企业在建项目营地的防疫工作。在此基础上,继续秉持开放、绿色、廉洁理念,加大对相关国家投资合作力度,实现高标准、惠民生、可持续目标,共同破解发展难题,消除贫困、增加就业、改善民生,让相关国家人民获得实实在在的利益,推动构建人类命运共同体。据商务部网站数据统计,2020年1~10月,中国企业对"一带一路"沿线国家非金融类直接投资141.1亿美元,同比增长23.1%,占同期总额的16.3%,较2019年提升3.6个百分点。在"一带一路"沿线国家新签承包工程合同额925.1亿美元,完成营业额607.4亿美元,分别占同期对外承包工程新签合同额和完成营业额的55.5%和58.5%。[1] 预计未来一段时间,中国对"一带一路"沿线国家的投资合作将

---

[1]　中国商务部网站, http://www.mofcom.gov.cn/article/tongjiziliao.

继续保持增长态势。

3.3.3.3 境外经贸合作区建设与标志性项目稳步推进

"一带一路"倡议提出以来，中国积极与世界各国特别是"一带一路"沿线国家开展境外经贸合作区合作，推动多双边经贸往来与合作，助推东道国经济发展和工业化进程，实现共同发展。

境外经贸合作区作为共建"一带一路"的重要实践，创新了对外投资合作模式。中国政府按照"政府引导、企业主导、市场化运作"的原则，鼓励和引导有实力、信誉好的企业"走出去"，积极参与沿线国家合作区建设，不仅有利于实现企业与当地政策、需求的对接，也有利于为东道国创造新的税收源和就业渠道。长期来看，企业通过合作区融入当地经济发展，对于延长全球价值链具有重要作用。同时，沿线国家通过合作区开展国际科技合作，促进技术转移和成果转化，更加契合所在国的诉求，推动产业链向海外延伸。合作区已成为推进"一带一路"建设的重要抓手、国际产能合作的重要平台、深化双边关系的亮丽名片。携手推进境外经贸合作区高质量发展，已成为广泛共识。截至 2019 年底，纳入商务部统计的境外经贸合作区累计投资 419 亿美元，吸引了数千家企业入驻，产业聚集效应显现。其中，在"一带一路"沿线国家建设的境外经贸合作区累计投资 350 亿美元，上缴东道国税费超过 30 亿美元，为当地创造就业岗位 32 万个。[①]

中国和"一带一路"沿线国家在港口、铁路、公路、电力、航空、通信等领域开展的大量合作，有效提升了沿线国家的基础设施建设水平，缩短了沿线国家的交通运输时间，降低贸易成本，释放贸易和投资潜力，不断为构建人类命运共同体提供新动能。一大批"一带一路"标志性项目稳步推进，并取得实质性成果。

3.3.4 对外直接投资面临的挑战

3.3.4.1 全球经济下行风险尚存

国际社会中当前存在的地缘政治风险、贸易争端加剧以及各国政策趋向

---

① 中国商务部网站，http://www.mofcom.gov.cn/article/tongjiziliao。

保护主义等不确定和不稳定因素，给国际直接投资和中国直接投资进一步发展带来阻力。联合国发布的《2019 年世界经济形势与展望年中报告》认为，由于贸易紧张局势得不到解决，国际政策高度不确定，商业信心不断减弱，全球价值链或遭严重破坏，全球经济增长正在经历着全面放缓，全球亟须建立更具包容性、更灵活、更积极的多边体系。经济合作与发展组织（OECD）发布的《2019 年中期全球经济展望报告》中也对全球经济增速放缓提出警示，认为全球经济增长前景越发脆弱和不确定，不断升级的贸易争端加大了政策的不确定性，加剧了金融市场风险情绪，日益危及信心、投资和全球经济未来增长前景，经济下行风险持续上升。经济合作与发展组织呼吁各国共同努力抵御全球经济持续下行的压力，停止扭曲的贸易关税和补贴蔓延，恢复透明、可预期、基于规则的鼓励商业投资的体系。

2020 年受新冠肺炎疫情影响，世界经济遭受重创，全球经济损失约为 9 万亿美元，170 多个国家出现人均收入负增长，为 20 世纪 30 年代大萧条以来最严重的经济衰退。[①] 在这种情况下，全球投资保护主义进一步升温，为保障国内医疗物资的供应能力、保护本国遭受重创的关键行业、避免本国战略资产和技术被外资低价收购，多国进一步收紧外资审查政策，对中国企业的投资特别是跨国并购具有较强的针对性，我国企业"走出去"面临重大挑战。

3.3.4.2 跨国经营能力和经验不足

在经济全球化浪潮的席卷下，中国与各国的联系更为紧密，为中国企业开展对外直接投资活动创造了有利的条件。企业的综合实力是参与国际竞争的基础。对于绝大多数中国企业来说，是否开展国际化经营，要结合企业的实际情况，不断打造自身的国际竞争力。我国企业的一些失败案例表明，已参与或正在参与跨国经营的一部分企业并不具备驾驭海外投资的能力，其参与跨国经营的企业能力和经验不足。目前我国市场经济发展的时间还较短，不少企业还不具备竞争优势，很难形成自己的核心竞争力。跨国经营不同于国内投资，因而不能直接将国内的管理经验直接套用在海外经营上。许多中

---

① 《世界经济贸易形势》，商务部综合司、国际贸易经济合作研究院，2020 年 6 月。

国企业开展对外投资仅是为了追求短暂的经济利益或者套取政策红利，缺乏长远的理性规划与定位。他们在政策的驱动下盲目跟风，往往并没有考虑行业的前景和后续的发展路径。近几年逐渐崛起的民营企业在为中国经济注入活力的同时，其投资行为也呈现非理性的一面。其中部分依靠资本积累成长起来的企业在海外大举扩张，将大量资金投资于发达经济体的不动产，以实现稳定的资本收益。然后这一行为经常带有盲目的成分，并不能从根本上提升自身的核心竞争力。

此外，中国企业的跨国经营短板还表现为并购整合能力的欠缺。跨国并购的最终目的是获取资源和技术，但不少投资失败的企业不仅未获得对方先进的技术，反而沦为国外企业的加工厂。跨国并购不是一蹴而就的，并购完成并不意味着并购成功，后期的并购整合才是企业的最大难关。一方面，中国企业需要去适应截然不同于国内的东道国外部环境，克服文化差异、制度距离等因素；另一方面，内部管理方式的不完善和国际化人才的缺失成为制约企业并购整合的瓶颈。

3.3.4.3 宗教信仰冲突

"一带一路"沿线国家居民的宗教信仰类型较多，而且民族之间矛盾突出，这些现实问题都易引发一些对抗事件，一旦类似事件发生，就会产生大规模骚乱，甚至爆发局部战争，这将可能给中国企业在这些地区的投资造成毁灭性打击。

3.4 小结

随着改革开放的深入和"一带一路"倡议的提出，中国企业"走出去"的步伐越发稳健。在共商、共建、共享的原则基础上，中国取得了更多开创性、引领性、机制性成果，赢得了更多国家和国际组织的广泛认同，与越来越多的国家和国际组织签署共建"一带一路"合作文件，深化多边合作、拓展区域、次区域合作和双边合作。中国各地积极融入"一带一路"建设，共同把发展的"蛋糕"越做越大，共谋全球发展繁荣。尤其是在新冠肺炎疫情全球大流行,世界经济低迷,保护主义、单边主义上升的严峻形势之下,"一带一路"建设俨然成为国际合作中最大的亮点。今后,共建"一带一路"将始终坚持共商共建共享,坚持高质量发展。在完善机制建设、注重经济融合、广泛惠及民生、聚焦绿色发展、依靠创新驱动等方面发力,推动相关国家实现优势互补、互利共赢,为促进各国经济增长提供强劲动力和广阔空间。

第4章

"一带一路"背景下对外直接投资风险文献综述

4.1 经典对外直接投资理论

围绕国际投资的动因、区位选择、影响因素、经济效应等问题，不同时期的学者对此进行了较为系统的研究，形成了国际投资的理论体系，出现了垄断优势理论、产品生命周期理论、投资过程论、国际生产折中理论和边际产业扩张理论等具有广泛影响的国际投资理论。

最早的国际直接投资理论源于纳克斯（R. Nurkse）发表于1933年的题为《资本流动的原因和效应》的论文。在纳克斯的资本收益率差别引起资本流动的理论基础上，麦克杜格尔（Mac Dogall, 1960）、肯普（M. C. Kemp, 1962）和琼斯（R. W. Jones, 1967）做了更细致的论述，主要从利率差异的角度分析资本流动及跨国投资的原因，但仍然没有区分国际直接投资和间接投资。

1960年美国经济学家海默（S. Hymer）和金德尔伯格（C. Kindleberger）提出了垄断优势理论（Monopolistic Advantage），标志着独立的国际直接投资理论开始形成。海默提出了垄断优势理论之后，约翰逊（H. G. Johnson, 1970）、凯夫斯（H. E. Caves, 1971）、尼克博克（F. T. Knickerbocker, 1973）对这一理论进行补充和发展。与此同时，巴克莱（Peter J. Buckley）和卡森（Mark C. Casson）合著的《跨国公司的未来》提出了内部化理论

（又称市场内部化理论）。后来，加拿大学者拉格曼（Alan Rugman，1978、1981）在其出版的《跨国公司的内幕：国际市场的经济学》一书中，对该理论进行了进一步完善和拓展。

1977 年，英国经济学家约翰·邓宁（John Dunning）教授提出了国际生产折中理论（也称折中主义或国际生产综合理论）。1981 年，他出版了著作《国际生产和跨国公司》，该书汇集了一系列阐述其折中理论的论文，提出了著名的"三优势模式"（OIL Paradigm），即所有权优势、区位优势、市场内部化优势。比较综合地说明了三种优势和三种国际经营方式（出口、国际直接投资、许可证安排）之间的相互关系。国际生产折中理论综合了国际主流的对外直接投资理论，是从微观视角静态分析跨国企业对外直接投资活动的有效工具，也是到目前为止投资学界最权威和全面的理论体系。

1978 年，日本一桥大学小岛清（K. Kojima）教授系统地阐述了他的对外直接投资理论——边际产业扩张论，并先后出版了《对外直接投资论》《跨国公司的对外直接投资》《对外贸易论》对边际产业扩张理论进行补充和完善，拓展了跨国直接投资的国际分工视角。

上述主流国际投资理论是基于第二次世界大战后发达国家跨国公司的国际投资实践产生的，在解释发展中国家的对外直接投资实践中存在一定的局限性。20 世纪 80 年代中期以后，随着发展中国家的对外直接投资蓬勃发展，针对发展中国家对外直接投资的理论也迎来了快速发展期。

维尔斯（Wells，1983）在《第三世界跨国企业》中提出了旨在解释发展中国家国际直接投资的"小规模技术理论"。该理论认为，发展中国家对邻近国家进行直接投资的动因是寻求原材料、劳动力和市场。发展中国家跨国公司的竞争优势主要表现在三个方面：（1）拥有为小市场需要服务的劳动密集型小规模生产技术。低收入国家商品市场的一个普遍特征是需求量有限，大规模生产技术无法从这种小市场需求中获得规模效益，许多发展中国家正是开发了满足小市场需求的生产技术而获得竞争优势。（2）在国外生产民族产品。发展中国家对外投资主要是为服务于国外同一种族团体的需要而建立。根据维尔斯的研究，以民族为纽带的对外投资在印度、泰国、新加坡、马来西亚的投资中都占有一定比例。（3）产品低价营销战略。与发达国家跨国公司相比，生产成本低、物美价廉是发展中国家跨国公司形成竞争优势的重要原因，也是抢占市场份额的重要武器。该理论最大的特点就是摒弃了那种只能依赖垄断的技术优势打入国际市场的传统观点，将发展中国家对外直接投资竞争优势的产生与这些国家自身的市场特征有机结合起来，对于那些技术不够先进、经营范围和生产规模不够庞大的小企业而言，参与对外直接投资仍有很强的经济动力和较大的市场空间。

同样，在 1983 年，英国经济学家拉奥（S. Lall）提出了"技术地方化理论"，解释发展中国家对外直接投资行为。拉奥深入研究了印度跨国公司的竞争优势和投资动机，认为发展中国家之所以能够形成和发展自己的独特优势，主要有四个因素：（1）发展中国家技术知识的当地化是在不同于发达国家的环境中进行的，这种新的环境往往与一国的要素价格及其质量相联系。（2）发展中国家通过对进口的技术和产品进行某些改造，使他们的产品能更好地满足当地或邻国市场的需求，这种创新活动必然形成竞争优势。（3）发展中国家的企业竞争优势不仅来自其生产过程和产品与当地的供给条件和需求条件紧密结合，而且来自创新活动中所产生的技术在小规模生产条件下具有更高的经济效益。（4）从产品特征来看，发展中国家企业往往能开发出与品牌产品不同的消费品，特别是当东道国市场较大，消费者的品位和购买能力有很大差别时，来自发展中国家的产品仍有一定的竞争能力。在拉奥看来，企业的技术吸收过程是一种不可逆的创新活动，这种创新活动受当地的生产供给、需求条件和企业特有的学习活动的直接影响。发展中国家对外国技术的改进、消化和吸收不是一种被动的模仿和复制，而是技术的改进和创新，正是这种创新活动给企业带来了新的竞争优势。

英国学者坎特威尔（John Cantwell）和托兰惕诺（Paz E. Tolentino）在 1990 年也从技术创新和产业升级角度，对发展中国家对外直接投资进行了系统的考察。在两个基本命题的基础上：（1）发展中国家和地区产业结构的升级，说明了发展中国家企业技术能力的稳定提高和扩大，这种技术能力的提高是一个不断积累的结果。（2）发展中国家和地区企业技术能力的提高是与其对外直接投资的增长直接相关的。现有的技术能力水平是影响其国际生产活动的决定因素，同时也影响发展中国家跨国公司对外投资的形式和增长速度。坎特威尔等认为，发展中国家和地区对外直接投资的产业分布和地理分布是随着时间的推移而逐渐变化的，并且是可以预测的：首先，在周边国家进行直接投资，充分利用种族联系；其次，随着海外投资经验的积累，种族因素重要性下降，逐步从周边国家向其他发展中国家扩展直接投资；最后，在经验积累的基础上，为获取更先进的复杂制造业技术开始向发达国家投资。

除了上述理论，还有投资发展阶段论、产品生命周期理论、市场控制理论、动态比较优势理论、投资诱发要素组合理论、竞争优势理论以及服务业国际投资理论等，从不同角度解释跨国公司的对外直接投资行为。

总之，传统国际投资理论围绕投资动因、区位选择、影响因素、经济效应等问题，已形成了比较完善的理论体系。21 世纪以来，新贸易理论中的异质企业贸易模型和企业内生边界模型，基于企业层面的异质性存在（以生产率为代表）来解释出口和对外直接投资决策以及国际生产组织形式的选择，对跨国公司的对外直接投资和国际化路径选择做出更深入的解释（Melitz，2003；Antras，2003；Helpman，Meiltz & Yeaple，2004）。

4.2 对外直接投资风险研究

国内外学者对于对外直接投资风险进行了大量研究，也取得了很多研究成果，主要围绕风险识别分类、风险量化评估和风险防范三个方面展开，形成了比较完善的理论、模型和方法，奠定了较好的研究基础。

4.2.1 对外直接投资风险的形成和分类

与本国的直接投资活动相比，对外直接投资会面临诸如政治制度、经济制度、法律制度和社会文化等方面的差异，这使企业的国际化经营具有更多不确定性的风险。对风险准确地识别是企业风险管理的第一步，也是后续对风险进行量化评估和控制，有效规避风险的前提和基础。

目前的研究普遍将风险划分为宏观风险和微观风险。基姆（Kim，1992）从政治、经济和社会三个维度综合评估了企业海外投资的国家风险。聂名华（2007）从风险产生的原因出发，将境外直接投资风险分为政治、经济、文化和经营四类风险。谢春芳（2011）认为，后金融危机时代中国对外直接投资面临的主要风险有国家、金融、文化和信息四类风险。徐莉（2012）将我国企业面临的对外直接投资风险划分为三类，即外源性风险、内生性风险和过程性风险。其中，外源性风险主要来源于企业外部环境，例如东道国政治、经济政策和市场环境等因素；内生性风险主要源于企业自身，例如内部治理结构、管理水平等因素；而过程性风险主要源于投资的整个过程。

政治风险也被称作"非经济风险"，大量研究证实，外国直接投资的流动程度很大程度上取决于东道国的政治氛围，政治的不稳定性增加了经济的不稳定性，政治风险会对外国直接投资产生负面影响。聂名华（2011）认为，中国企业在海外投资中的政治风险包括局部性战争风险和政治暴力风险、政治势力区别性干预风险、涉外投资政策变动和法规调整风险、恐怖主义风险以及资本转移和财产剥夺性风险。姚凯（2012）指出，中国企业海外投资的政治风险包括政府违约、外汇管制、战争、恐怖袭击等风险。郭建宏（2017）在中国对外直接投资风险的研究中，分别从国际、国家和行业三个层面对政治风险进行细分。国际政治风险包括外交关系、恐怖主义等国际政治格局变动；国家政治风险包括政权更替、政治冲突、国家征收等；行业政治风险包括对行业的政治干预。孟凡臣（2014）将中国对外投资遭遇的主要政治风险分为征用及限制风险、资本转移风险和政治暴力风险，并通过熵值赋权法进行量化，提出了符合我国对外投资实际的政治风险评价模型。一些学者（Hayakawa，Kimura and Lee，2013）通过实证调查研究发现，政治风险初始水平较低可以吸引外商直接投资，而且政治风险水平下降有助于带来更多的 FDI 流入量。王海军（2012）利用中国企业对外直接投资统计数据和政治风险指数进行实证研究发现，来自东道国的政治风险对对外直接投资有着显著的负向影响；本土的政治风险对于对外直接投资也有实质影响。梅尔（Meyer，2018）考察了政治风险和国内生产总值对南非对外直接投资流量的潜在影响，其研究结果显示，无论是短期还是长期，政治风险和经济增长都会影响对外直接投资的水平，并且政治风险评级对对外直接投资流量的影响高于国内生产总值（GDP）。然而，尼根（Blonigen，2014）等学者发现政治不稳定和总投资之间没有显著的影响关系，并认为政治动荡和制度质量不是投资流动的重要决定因素。对这些不同的结果，里杰克斯（Rijkers，2016）等认为，一种可能的解释是政治风险对外国直接投资的影响因投资产业的不同而不同。罗德里克（Rodrik，2013）则指出，政治不稳定似乎最不利于劳动密集型产业和高新技术产业。

经济风险是与国家层面相联系的，是由东道国的宏观经济、财政金融等经济因素变化引起的外商直接投资损失的可能性。目前理论界关于经济风险对对外直接投资影响的观点是相对统一的，即东道国的经济金融风险会对吸引外国直接投资产生不利的影响。杰伊·温怀克（Jay van Wyk，2008）以发展中国家为研究对象，发现东道国的经济自由度与外商直接投资的流入正相关。王海军、高明（2012）利用中国企业对外直接投资统计数据，检验和分析了国家经济风险对于对外直接投资影响的结构效应，并创新性地研究了母国的经济风险对该国对外直接投资的影响，得出三个重要结论：一是国家经济风险中的经济风险和金融风险对对外直接投资都产生了显著影响，相对于金融风险，对外直接投资对于经济风险的反应更为敏感；二是相对于发达国家的国家经济风险，对外直接投资受到发展中国家的国家经济风险影响更为明显；三是中国本土的国家经济风险对于对外直接投资也有实质的负向影响。姜建刚、王柳娟（2014）分析了地区经济制度对我国对外直接投资的影响，认为一个地区商会组织的发展、信贷资金分配市场化和"走出去"战略有助于提高该地区的对外直接投资，研究表明了我国对外直接投资的发展受到了制度激励与制度潜逃效应的影响。段潇、陈永进（2019）的研究认为，国家经济风险指标对中国的对外直接投资会产生正效应，即东道国良好的经济环境能够显著吸引中国的正向投资决策。而且相对于发达国家来说，发展中国家良好的经济环境对中国对外直接投资的投资决策影响更大。李珂（2013）通过对中国 2003～2010 年 78 个投资东道国的面板数据分析，认为东道国经济金融风险对中国具有显著的抑制作用，我国的对外直接投资更倾向于流向经济金融风险更低的国家和地区。郑明贵等（2014）指出除了汇率风险，利率风险和融资风险也是中国企业在海外投资时需要警惕的金融风险。李（Lee，2015）研究了韩国汇率水平与外商直接投资之间的短期和长期的动态关系，认为汇率变化从长远来看对外国直接投资流动会产生负面影响，而在短期内，两个变量之间存在相互反馈。郑威、徐峰林（2011）分析认为，我国企业对外直接投资财务风险产生的主要原因是决策失误、过度举债投资、市场变化、受资企业的经营状况不佳、利率变动、投资变现能力差以及财政经济政策变动。

东道国与母国之间的文化差异将可能导致投资企业与东道国之间存在沟通交流和价值观方面的诸多差异，对企业对外直接投资的成功与否也起到了非常关键的作用。目前有关东道国与母国之间文化差异对对外直接投资风险的影响，学术界还没有形成统一的观点。陈岩（2014）等认为，文化距离对中国对外直接投资有显著的负向影响，中国与东道国文化距离的存在，导致投资的高度不确定性及风险的不可估性，增加了企业成本，企业通常会采取谨慎性的投资策略。杨勇（2018）则指出，文化距离与中国企业对外直接投资经营绩效之间整体上呈现倒"U"形关系，即在适度范围内文化距离的增加有助于提升中国企业对外直接投资的经营绩效，但过大的文化距离则会抑制跨国企业的经营绩效增长。康和姜（Kang and Jiang，2011）认为，文化距离是跨国公司在东道国获得合法利润的主要障碍，从而会影响跨国公司对外直接投资的区位选择。在研究中国企业对东南亚和东亚的对外直接投资时，发现中国企业更偏向与本国文化距离较远的发展中国家进行投资。在蒋冠宏（2015）的研究中，双边文化距离与我国企业的对外投资风险呈"U"形趋势，即随着文化距离的增加，企业风险是先下降后上升。这说明文化距离存在一个最优值，当文化差距在适度范围内时，多元文化整合的收益大于协调成本，因而降低了企业风险；当文化差距太大时，多元文化整合的收益小于协调成本，企业对外投资的风险会更大。

随着中国企业海外投资的规模越来越大，面临的法律风险也会越来越严峻。陈爱蓓（2008）认为，企业在走出去的过程中会面临四大法律风险，分别是收购兼并风险、经营风险、跨国产权保护风险和国有企业的所有制风险。张亚军、彭剑波（2016）指出，我国企业对外投资过程中面临的法律风险分别是：对投资项目所在国的法律不熟悉、忽视合同签约主体为政府的特殊性、收购目标企业存在重大瑕疵、忽视投资目标企业的"权贵背景"。张晓权（2019）指出，法律风险包括法律冲突风险、法律变动风险和法律执行风险。还有一些学者从微观企业的角度分析中国对外直接投资中存在的风险，微观风险源主要来自财务、管理、技术和规划风险。王健朴（2012）研究了我国国有企业的治理结构、内涵、运行机制对企业对外直接投资的影响，发现企业治理的国际化差异风险和境外国企领导人道德风险对企业的对外直接投资影响很大。太平、李姣（2015）提出了我国企业在"走出去"过程中，承担社会责任问题没有得到有效重视，引发了要求履行企业社会责任的新型风险，并且中国企业没有充分认识到跨国经营风险的复杂性，缺乏战略规划、盲目投资现象严重。胡志军（2014）将民营企业对外投资面临的风险进一步细分为资金链断裂、海外投资保障机制不完善、政府管理措施和法律法规欠缺、电子商务网络平台建设不足、跨国经营管理经验和人才缺乏。徐小云（2014）从技术风险的角度指出，作为发展中国家，我国对外直接投资项目的技术水平与发达国家相比差距很大，面临着技术保护、技术壁垒及产品开发等风险。

4.2.2 对外直接投资风险的量化和评估

国际评级机构量化对外直接投资风险的方式始于第一次世界大战之前的美国。经过近一个世纪的发展，市场上形成了三家信用评级机构垄断的局面，它们分别是标准普尔（Standard & Poor）、穆迪（Moody's）和惠誉（Fitch），这三家评估机构的业务范围都集中在信用评估上，其指标设计具有较高的政治制度偏好，其评估方法、指标构建和衡量标准都不公开，因而具有一定的局限性。目前学术界常用的评估指标有两种：一种是全球国家风险指南（ICRG）。它是美国 PRS 集团旗下的风险评级系统公布的风险指南，也是目前比较权威的风险指数。该指南采用专家打分的方法对各个风险因素设立权重。全球国家风险指南将跨国投资风险划分为政治指标、经济指标和金融指标，三项指标的权重分别设为 0.5、0.25 和 0.25，这三项指标风险又细分为 22 项子指标风险。另一种是世界银行全球治理指数（WGI）。WGI 为了全面衡量世界各国政府的公共治理状况，评估治理差异，构建了六组指标进行全面分析。赫尼什（Henisz，2000）认为，全球国家风险指南即 ICRG 指数，综合考虑了国家权力机关的能力、法律法规的完善度、政府合同违约的可能性、国有化的可能性、政府的腐败程度等风险因素，对于一国的政治风险能够较好地进行反映。

国外学者在对外直接投资风险量化方面做过大量研究：米勒（Miller，

1992）对企业跨国经营中遇到的不确定性进行了系统的分析，构建了国际风险感知模型，通过宏观环境、行业环境和企业微观环境三个层面来测量东道国投资风险。该研究第一次对企业进入国际市场所面临的不确定性进行了系统的分类，也为国际风险的研究奠定了基础。随后，米勒又在此基础上改进了该模型，通过设定包括政策、经济、市场、要素、服务、技术等在内的 35 个指标对东道国投资风险进行分析和量化评估。哥斯瓦米（Goswami，2014）基于 1984~2009 年 146 个经济体的数据，借鉴"国际政治风险指南"所涉及的政治风险的 12 个指标，构建了三个基础指标：政府失灵、文化冲突和伙伴国的态度。实证结果认为，文化冲突以及伙伴国对东道国的态度才是阻碍外国直接投资流入的最主要原因，反驳了传统上认为的政府失灵是主要影响因素。布朗等（Brown et al.，2015）分别从政治、经济、运营、社会四个层面选取了 68 个指标，基于 8 年 126 个国家的数据，构建了更为全面的风险指数。也有学者（Sánchez-Monedero et al.，2014）利用 9 个经济指标对欧盟 27 个国家的主权进行了分类。

西方学者建立的风险量化模型是建立在发达国家对外直接投资的实践和数据基础之上的，鲜有对发展中国家的研究。国内学者结合中国的具体国情，尝试建立起符合我国国情的对外投资风险评估体系。近年来，中国出口信用保险公司开始发布《国家风险分析报告》，从中国企业和主权财富视角出发，构建了包括经济基础、偿债能力、社会弹性、政治风险和对华关系五大指标及 41 个子指标的国家风险评级体系，全面量化评估了中国企业海外投资所面临的战争风险、国有化风险、政府更迭风险、金融风险，对世界主要国家的风险进行分析和评级，提供风险警示信息。宣国良（1995）等是国内较早利用定量分析法研究企业对外投资风险的学者，主要采用层次分析法构建国家风险评估系统，但数据收集较为困难，测算也比较复杂，对一般企业来讲实用性不强。韩恩泽（2010）采用层次分析法和模糊综合评价法建立了中国石油企业对外直接投资风险评估模型，并以中国石油企业在格鲁吉亚共和国 M 区块的勘探开发投资风险为例做了说明。张明、王永中（2016）从主权财富的海外投资视角出发，构建了经济基础、偿债能力、社会弹性、政治风险和对华关系在内的五大指标，全面量化评估了中国企业海外投资所面临的风险。寇纲等（2012）利用时间序列的多目标决策模型分析各国主权信用风险,解决传统主权信用评级系统的滞后性问题。陈等(Chen et al.,2014)通过外国投资者和东道国之间的相互作用的动态博弈模型,揭示了对外直接投资所面临的发展中国家主权风险的动态演化机制。张晓朋(2018)通过聚类算法和 PLS-PM 模型确定影响因子和权重,与人工智能算法复合创新之后,其风险评估效果好于其他单一方法。

综上所述,在风险评估中,最经常使用的是层次分析法和模糊综合评价模型。两种方法都各有自己的优势。无论是前期风险因素的识别筛选还是后期风险评估模型的构建,都需要大量翔实的数据和一手资料作为研究支撑,微观数据的缺失往往会导致我们只能做路径和方法上的探索,难以进行精准分析和定位。

4.2.3 对外直接投资风险的预警和防控

4.2.3.1 对外直接投资风险预警

20 世纪 30 年代初,国外兴起对企业风险预警的研究。主要预警方法有单变量判别分析法、多变量判别分析法(MDA)、概率回归模型法(Probit 模型、Logistic 模型)、人工神经网络模型法(ANN)等。

严和米切尔(Yim and Mitchel,2005)比较分析了四个常用的国家风险的预警模型(即混合神经网络、Logit 模型、判别分析和集群技术),结果表明,在对国家风险进行预警时,混合神经网络模型优于其他模型。韦军亮(2009)在对企业跨国经营的外汇风险进行预警时,也认为神经网络模型比 Logit 模型能更好地预警货币危机。

陈菲琼和钟芳芳(2012)运用因子分析、人工神经网络等方法对 2002 ~ 2008 年的数据进行检验,继而用 2009 年各影响因素数据对 2010 年政治风险进行预警,建立了对外直接投资的政治风险预警指标体系。但是,该文章仅研究了宏观政治风险,缺乏对特定背景和行业的分析。罗博克(Robock)将政治风险分为宏观和微观维度,认为对于一个企业来讲,发生频率最高的风险实际来源于微观政治风险,微观政治风险要比宏观更重要。所以在对外直接投资风险预警模型中引入微观风险变量非常重要,也具有现实的指导意义。赵威(2012)借鉴了风险的精炼测评模型和风险多维测评模型,构建出中国对外直接投资的风险测度体系和评级办法，并根据不同类型的风险特点，提出了相应的风险预警措施。李春花（2013）采用了 BP 神经网络模型对我国海外直接投资的国家风险进行预警，以选取的 10 个东道国的 2004 ~ 2011 年相关指标数据为基础，对预警模型进行了检测，并以 2011 年的相关数据对各国 2012 年的国家风险进行预警。该网络模型便于使用计算机进行实现，具有可操作性和适用性，但是对东道国的国家风险的研究仅停留在宏观层面，没有引入微观分析，因而对某些特定行业和企业的参考价值有限。宋玉洁（2018）分析了对外直接投资风险传导路径及过程，研究了我国对外直接投资的政治风险、经济风险、社会风险、管理风险、法律风险和技术风险，构建了基于贝叶斯网络模型的对外直接投资风险预警模型。王健朴（2010）通过研究发现，对外直接投资风险预警体系应包括风险预警指标体系、风险信息管理体系和专家评估体系三个方面。张友棠、黄阳（2011）在此基础上，进一步将风险预警指标体系划分为六个维度，包括东道国宏观环境指数、行业环境指数、东道国区域吸引力、企业投资竞争力、投资国环境指数和企业投资环境指数。

4.2.3.2 对外直接投资风险防控

针对国际投资风险的识别和评估结果，早期很多学者有针对性提出了国际投资风险的防范措施。丁文利（Wenlee Ting，1988）指出，政治风险是由于东道国的政治波动或制度更迭等非市场领域的不确定性，带来企业的收入、成本、利润、市场份额、经营连续性等发生变化，要通过选择有良好政治关系的国家以控制政治风险。通过风险规避、风险控制、合作经营、模仿战略、风险分散（Miller，1992）来防范风险。鲁特（Root，1994）对国际市场的战略决策模式进行研究，通过不同的市场进入方式防范跨国公司的境外投资风险。

陈立泰（2008）提出要从企业内部着手建立对外直接投资风险管理体系，要注意培养跨国企业内部的风险管控意识，形成风险管理企业文化，并将风险管理的理念传输到企业经营管理的所有环节。（Bitzenis & Marangos，2008）从企业防范自身经营风险层面提出了防范对外直接投资风险的思路，其研究结果表明，适宜的行业以及保持稳定的贸易关系可以减少投资风险。

张仁开（2008）则针对技术型企业提出，企业在跨国投资时要遵循两个原则：一是投资主体优势原则，也就是要选择那些具有优势的技术领域和产业领域进行海外投资，这样有利于发挥自身优势，谋求更大的市场利润；二是东道国优势原则，也就是要针对东道国具有相对优势的技术领域和资源特点进行投资，这样有利于充分利用东道国的优势为自己所用，从而缩短技术进步的时间，节约技术开发的费用。

谢春芳（2011）认为，要从企业和政府两个层面研究如何提高我国企业对外直接投资风险防范能力。对于企业来说，应该在做投资决策前做好项目的风险评估，在投资过程中建立风险预警机制，在风险发生后通过风险管理加强应对；而政府则应该在金融、信息、技术和人才等方面给予支持。张路（2012）从政府、国资监管部门、投资企业和境外运营企业三个维度构建了国有资本对外直接投资风险管理流程，从而有效地防范和应对风险。聂名华（2011）指出，企业在对外直接投资时承担一些对东道国经济发展有关键作用而该国本身又无法完成的项目，为东道国增加就业机会，主动向东道国及企业提供人才培训和技术咨询等，有助于减少与东道国之间的摩擦，降低对外直接投资风险。Lu（2019）提出中国保险业可以为中国企业"走出去"提供风险保障，具体有两条途径：一是为企业的经营风险提供保险；二是为企业融资提供授信服务。

4.3 "一带一路"背景下对外直接投资风险研究

"一带一路"倡议与沿线国家发展需求相吻合，是互利共赢之路，中国与沿线各国坚持共商、共建、共享原则，稳步推进"一带一路"的建设，逐步将各国经济紧密结合起来。卢山冰等（2015）指出，中国"一带一路"建设完全不同于美国的"马歇尔计划"，"一带一路"投资战略实施对于推动世界和平发展、区域经济一体化发展以及造福于沿线各国人民意义重大。黄（Huang，2016）认为，"一带一路"倡议的目标是激发亚洲、欧洲和非洲等地区经济的发展，把经济欠发达的"一带一路"地区变成一个新的充满活力的经济体。

4.3.1 国别风险研究

已有研究主要分析了"一带一路"倡议本身层面的不确定性和潜在挑战，认为"一带一路"面临的最直接风险来自沿线诸多具体国家，风险防范和治理的难度非常大。张明（2015）提出，"一带一路"经济带的六大风险有：相关投资收益率偏低、投资安全面临较大挑战、私人部门与境外主体出资有限、妨碍中国经济的结构调整、加深沿线国家对中国崛起的疑虑与抵制、加剧与美国的对抗。王卫星（2015）认为，中国参与"一带一路"建设的投资风险主要有安全风险、政治风险、经济风险、法律风险、社会风险等。聂娜（2016）通过对"一带一路"对外投资的相关文献进行归纳和整理，将当前对外投资面临的主要风险类型分为两大类：外部环境风险与企业内部经营风险。外部环境风险类型主要为政治风险、经济风险与文化风险，企业内部经营风险主要为决策风险、经营风险与财务风险。

由于沿线国家经济、金融环境等方面存在巨大的差异性，国别的经济风险识别成为企业"走出去"的重要前提。中诚信发布《"一带一路"沿线国家面临主权信用风险》报告，对沿线 30 多个国家进行了主权信用风险评级；中商产业研究院依据大量的统计资料，对"一带一路"建设的国内、国际投资环境进行了分析，从经济发展水平、投资政策、重点发展行业、投资环境及潜力等多个角度进行了系统梳理；英国经济学人智库发布《愿景与挑战——"一带一路"沿线国家风险评估》，以帮助金融机构了解"一带一路"沿线各国存在的各类风险，对相关国家的重点风险因素进行了量化风险评估。苏馨（2017）立足于全球格局、地区分布、行业分布、投资主体的维度分析了中国对"一带一路"沿线国家直接投资的现状，并对"一带一路"沿线 64 个国家的政治风险、经济风险进行了实证研究。陈继勇、李知睿（2018）指出，中国对"一带一路"沿线国家的直接投资将面临政治、经济、文化与宗教等方面的风险与挑战。薛力（2015）强调了外交风险是"一带一路"建设中我国对外投资关系的一个重要风险，但是对于中国走向世界舞台具有重要意义。周五七（2015）研究分析了一些不确定性风险因素：周边国家的战略认同差异、相关大国的猜忌干扰与牵制、对沿线国家直接投资发展不均衡、区域不稳定等，指出中国对"一带一路"沿线国家的直接投资面临着巨大挑战和安全威胁。张金平（2016）认为，恐怖势力"东向"活动在中国周边会形成新的恐怖活动高发带。国际恐怖势力在中国周边的再聚集、反恐局势的复杂化以及东突分子的活跃，是"一带一路"倡议面临的重大威胁，并提出应对方式：精确反恐、落实项目、促进政治和解、把握中国可依靠力量。朱兰亭、杨蓉（2019）引入 ICRG 国家风险指标，发现中国企业"一带一路"沿线投资具有显著的政治风险和金融风险偏好性。

孙志毅、许可（2019）等运用 SWOT 分析法将"一带一路"沿线国家分为四种类型，并根据不同类型的投资风险提出差异化策略。杨君岐、任禹洁（2019）从经济基础、社会因素、偿债能力、政治因素、对华关系五个纬度构建了海外投资的国家风险评价体系，采用变异系数法确定权重，基于模糊综合评价法对"一带一路"沿线不同区域国家的投资风险进行评估，并提出需要高度关注的事项。李原、汪红驹（2018）利用因子分析方法全面系统地衡量了"一带一路"沿线国家风险，并按照投资风险由低到高的程度划分投资区域，为提升我国企业在"一带一路"沿线国家的投资效益提供理论支持。朱兰亭、杨蓉（2019）实证分析了东道国国家风险对于我国企业在"一带一路"沿线投资的影响，结果表明，"一带一路"区域的投资具有政治和金融风险偏好性。付韶军、张璐超（2019）采用"一带一路"沿线 54 个国家的风险数据实证分析认为，政治风险对于我国对外直接投资具有显著的负面影响。黄静莱、陈媛（2019）采用《中国海外投资国家风险评级报告》的相关数据，对经济基础、偿债水平、政治风险、对华关系、社会风险 5 个指标进行主成分分析，对"一带一路"沿线 7 个区域 34 个国家的综合风险得分进行排名。宋维佳、梁金跃（2018）用突变级数法构建国家风险评估模型，对"一带一路"沿线国投资风险水平进行定量研究，研究结果表明，2012~2015 年"一带一路"沿线不同国家的风险水平均呈下降趋势。张晓涛、刘亿（2019）利用美国传统基金会"中国全球投资追踪"的数据，分析我国在"一带一路"沿线东南亚地区项目投资的特征以及风险，并提出风险管控建议。

胡俊超、王丹丹（2016）用多元统计分析的方法对"一带一路"沿线 65 个国家的风险进行了量化研究，认为"一带一路"沿线国家的国别风险较高，其中，政治风险因素的影响最大。不足之处在于只衡量了对外直接投资风险的整体水平，并没有对风险因素进行具体的分析。与此不同的是，周伟（2017）指出，在"一带一路"沿线国家中，中国在大多数中东欧国家对外直接投资的政治风险、经济金融风险偏小，而社会文化风险普遍较大。政治风险对我国对外直接投资的影响尚未形成定论，尤其是"一带一路"倡议涵盖的国家数量众多，针对沿线国家的投资难以有过往成熟经验可借鉴。张亚斌（2016）首次将投资便利化水平纳入拓展的引力模型，实证检验了各指数对中国企业对外直接投资投资区域的选择及投资潜力的影响。周亦奇和封帅（2017）利用人工编撰与机器学习相结合的方法，通过地理信息系统等工具进行数据展示，以可视化方式展示风险冲突事件的空间分布特征，以网络化方式展示风险冲突事件本质。

4.3.2 产业投资风险研究

"一带一路"倡议为新时代我国深入开展能源国际合作提供了新的机遇，油气合作是深化国际能源合作的重点之一。高世宪（2014）总结了"丝绸之路经济带"能源合作现状，认为中国与中亚五国的能源合作有巨大的合作潜力以及良好的合作条件，但仍面临着地缘政治环境以及投资环境等多方面的挑战。刘建国、梁琦（2015）认为，"一带一路"沿线部分国家对能源合作有期待，也有疑虑，我方需要做好沟通协调工作。

刘畅（2016）研究发现，中国目前的石油进口组合中，高风险低潜力区域的国家较多，"一带一路"沿线国家多处于高风险、高潜力区域。出于维护能源安全稳定的战略需要，有必要加强与"一带一路"沿线国家的油气合作，实现石油运输通道多元化，增强与高出口潜力国家的合作力度。杨俊（2018）构建 AHP-Fuzzy 综合模型，评估投资"一带一路"沿线国家油气资源的风险等级，建议根据不同的风险等级因地施策。温辉（2019）从制度差异化、贸易保护主义、宗教极端势力等方面分析了能源行业在中亚地区投资面临的政治、经济、社会风险，并提出降低能源行业投资风险的相关建议。申万（2017）分析研究了我国企业在"一带一路"沿线国家煤炭行业进行投资的现状以及所面临的风险和机遇，指出我国企业海外投资成本较高，一些商业行为容易遭到东道国的误解。马宝（2017）分析了"一带一路"区域的七个富煤国家：俄罗斯、印度尼西亚、蒙古国、波兰、哈萨克斯坦、越南、澳大利亚，并针对每个国家的国别风险提出投资建议。

冯雷鸣、李丛珊（2018）研究分析了"一带一路"沿线国家基建行业的投资现状，从经济风险、金融风险、行业风险、社会风险、政治风险五个方面构建评估指标体系并提出相应对策。南开辉、刘毅（2019）研究分析了基建行业在"一带一路"倡议下的投资风险，通过 TOPSIS 的方法对政治、经济、文化风险的重要性排序，为国家电网项目在"一带一路"沿线的投资提供参考建议。牛峰（2019）构建了基于层次分析法和熵权法的中国电力产业海外投资风险模型，从经济基础、政治稳定性、对华关系、电力市场需求、偿债能力五个方面评价"一带一路"沿线国家电力产业投资风险。袁家海、曾昱榕（2019）从经济基础、对外金融、社会发展、政治风险、中国因素、环境风险、电力市场、煤电收益、可再生收益等方面建立综合评价指标体系，将熵权法和 TOPSIS 方法相结合，构建熵权 TOPSIS 灰色关联法评估"一带一路"沿线国家电力行业投资风险。

4.3.3 企业投资风险研究

"一带一路"沿线多为发展中国家，虽然这些国家拥有丰富的资源和广阔的市场，但是这些国家的政治风险也普遍较高，学界普遍认为，跨国企业的对外直接投资普遍会选择政治风险低、制度完善的东道国。而巴克莱（Buckley，2009）却发现中国的对外直接投资并不惧怕进入政治风险较高的国家。巴拉·拉玛萨米，马修·C. H. 杨和拉弗特（Bala Ramasamy, Matthew C. H. Yeung & S. Laforet，2012）通过分析中国企业 1996 ~ 2008 年的对外直接投资数据，采用泊松回归模型发现，中国的国有企业在海外投资活动中，更倾向于政治风险偏高的国家和地区，而民营企业则更偏好于政治风险低的国家和地区。陈岩和郭文博（2018）认为，产生这种现象的原因是双边贸易协定可以弥补东道国制度不完善的风险，吸引企业投资于政治风险较高的地区。迭戈·奎尔，恩里克·克拉弗和劳拉·里恩达（Diego Quer, Enrique

Claver & Laura Rienda，2017）指出，传统观点认为东道国的高政治风险与其吸引的外国直接投资负相关，因为跨国公司更愿意进入制度更稳定，约束较少的国家。然而新兴市场的跨国公司的崛起正在挑战这一观点，这些公司本身就根植于制度环境不发达的母国，所以与发达国家跨国公司相比，在制度环境同样薄弱的东道国开展业务时，这种劣势可以转化为优势，王淑梅、陈力（2019）分别从企业的外部环境、内部环境、项目自身的收益性构建评价指标体系，应用模糊综合评价法评估"一带一路"倡议下中国企业对外投资项目的风险。张建碧（2019）分析研究了"一带一路"背景下我国企业海外投资风险的防控，以案例的形式梳理了投资项目在全生命周期业务流程中所面临的风险，并提出相关防控建议。黄娟、夏楚雪（2019）运用综合集成算法（DHGF），多维度评价了"一带一路"背景下 H 公司对外直接投资风险水平。张艳（2019）从企业自身、东道国、国际竞争力等方面分析了"一带一路"倡议下我国企业对外直接投资所面临的风险。尹美群（2018）研究了三个中国企业在三个不同东南亚国家的投资案例，分别从国家风险、法律风险、劳工风险、汇率风险等方面提出了对外直接投资风险预警与防控措施，为我国企业在"一带一路"沿线国家的直接投资提供了风险管理建议。赵磊（2019）主编的报告通过案例形式，分析阐释了我国企业如何更好地在"一带一路"沿线国家开展投资，为企业参与"一带一路"建设提供指导性建议。黄河、斯塔罗斯金·尼基塔（Starostin Nikita，2016）以"一带一路"沿线国家为例，分析中国企业海外投资所面临的政治风险及风险防控，提出建立境外投资保险制度，外交支持与保护，提供安全类公共产品，打造区域及区域间安全共同体，创新海外公民保护机制等建议。李晓（2015）分析研究了中国企业在"一带一路"沿线国家印度的直接投资现状，指出中国对印度的直接投资未能体现出与中印两国经济总量和地缘优势相适应的地位。李婧（2015）分析了"一带一路"背景下中国企业对俄罗斯的投资机会，并提出了促进中国对俄投资的政策建议。姚凯、张萍（2012）梳理了中国企业遭遇的政治风险类别，在充分考虑中国对外直接投资风险特性的基础上，对东道国的政治风险进行量化分析。田泽（2013）运用层次分析法与模糊综合评价法（F-AHP），对中国企业境外投资风险进行系统评价，研究显示中国企业境外投资风险较高，这与中国企业海外投资风险频发的实际相吻合,其中,政治风险居于首位,政策风险和社会风险次之。张敏、朱雪燕（2017）则在阐述我国企业对外直接投资现状的基础上,结合"一带一路"沿线国家的投资环境,研究分析了企业对外投资准入阶段、运营阶段和退出阶段所面临的法律风险。"一带一路"沿线国家以发展中国家居多,法制法规制度不够完善,法规变动较多,且各国的法律制度环境存在很大的差异,这给我国企业的对外直接投资带来了不小的困难。

4.4 小结

综上所述,过往研究分别从不同的维度对对外直接投资的安全问题和风险管理进行了分析,取得了重要成果,对于继续深入研究"一带一路"对外直接投资这一复杂系统问题具有重要的意义。实践表明,"一带一路"沿线国家投资安全问题异常严峻,亟须对其开展系统化、定量化的安全风险研究,目前已有研究针对这一复杂系统问题,仍有以下不足有待探讨。

（1）自然学科与人文学科缺乏优势互补和交叉融合。"一带一路"对外直接投资风险研究不仅涉及地理信息、天气气候等自然学科和统计运筹、信息技术、系统优化等科学技术,还与社会文化、经济体系、法律制度、民族宗教等人文学科和地缘政治密切关联,是自然学科与人文学科高度融合的研究领域。然而,目前"一带一路"对外直接投资风险研究缺乏应有的交叉融合和优势互补,自然学科和人文学科领域各有自己独立的研究体系和研究方法,制约了研究工作的深入和研究成果的拓展。

（2）缺乏"一带一路"沿线国家及地区安全风险的系统性研究。当前研究,多为侧重某一大类安全风险中的某一问题,例如政治风险中的地缘政治安全问题、经济风险中的信用风险问题等,缺乏系统化的研究,特别是缺乏综合考虑自然环境、人文环境的风险评价体系。"一带一路"沿线国家及地区的安全风险评估是当前研究的重点和难点,因政治形势复杂、国别因素各异、自然条件恶劣,导致该地区的风险因素很难通过单一指标科学评估。目前跨学科、跨领域且有超强针对性的"一带一路"安全风险评估体系研究成果较少,且部分研究成果操作性不强,缺乏在理论与实践方面的有效平衡。

| 第 5 章 |

"一带一路" 背景下对外直接投资风险识别

风险识别是对外直接投资风险研究的第一步。在政策的指引下，中国企业在"一带一路"沿线国家的直接投资规模不断壮大，但同时也伴随着大量的风险。能否有效识别并防控风险，决定了"一带一路"倡议是否可以顺利推行。本章在综合考察风险识别方法的基础上，分别从东道国宏观环境层面和企业微观经营层面，识别"一带一路"对外直接投资的风险构成，为后续的风险评估和风险预警研究奠定基础。

5.1　风险识别的原则及方法

风险是一种客观存在的不确定性，这种不确定性是可以预测的。风险识别指的是风险主体对其正面临的风险及潜在的风险进行识别和归类的过程，它是风险管理的第一个环节，为后续的风险评估和风险治理提供基础。一般情况下，风险识别体系应包括对风险识别方法的选取、对风险源的辨别，以及对风险的定性或定量分析。

5.1.1　风险识别的原则

企业的风险识别过程较为复杂，诸如风险识别过程中产生的成本、预计带来的收益、风险识别方案是否可行等因素，都需要被考虑在内。因此，在进行风险识别时，应当遵循以下五个原则。

5.1.1.1 可行性原则

风险识别过程中，应当结合企业在资产规模、主营业务的类别、股权结构等方面具有的属性，构建一套具有较强可行性的风险识别方案，从而避免造成人力财力等资源的浪费。风险识别方案是否与投资企业的需求相匹配、方案对识别者专业水平的要求是否过高、识别过程需要的企业数据是否可得，诸如此类的考虑，都属于对可行性原则的遵循。实际的风险识别过程如果忽视了可行性原则，那么整个风险识别方案将对企业的风险管控没有任何帮助，同时造成较大的资源浪费。

5.1.1.2 成本收益原则

企业对风险进行识别的根本目的在于管控风险，实现营业利润的提升，而任何一项方案，其在实施的过程中都必然会产生成本。因此，企业在选用风险识别的方法时，应当遵循的另一个重要原则是成本收益原则。它要求风险识别的预期收益应高于它带来的成本，当任何一种风险识别方法均无法满足成本收益原则时，企业应该放弃风险识别，采取其他的手段应对风险。忽视成本收益原则的风险识别，很可能是得不偿失的，它会引致企业利润的减少，与风险识别的初衷背道而驰。

5.1.1.3 灵活性原则

风险识别的方法类别是有限的，但企业的经营状况、面临的风险以及风险具有的特征却是千变万化的，在对不同企业进行风险识别时，如不能根据企业的实际需求和经营状态对识别方法做出取舍与调整，而总是机械地将风险识别流程套用到类别相似的企业之上，必然会使风险识别的效用大打折扣，甚至可能得到与企业客观经营事实相悖的结论。可见，对于灵活性原则的遵守，既是对风险识别的要求，也是对风险识别结果的保障。

5.1.1.4 综合性原则

企业自身经营业务的种类之多、开展业务的区域范围之广，使企业面临的风险在种类、性质、程度上都呈现复杂性。企业风险具有的复杂性要求企业的风险识别过程必须遵循综合性原则，即对不同类别的风险进行分析时，应当考虑到一种风险与另一种风险之间的关联性，综合考虑各种风险间的相互影响，而不是将风险割裂开后进行——识别。应该全面系统地考察、了解各种风险事件存在和可能发生的概率以及损失的严重程度、风险因素以及因风险的出现而导致的其他问题。损失发生的概率及其后果的严重程度，直接影响人们对损失危害的衡量，最终决定风险政策措施的选择和管理效果的优劣。因此，必须全面了解各种风险的存在和发生及其将引起的损失后果的详细情况，以便及时且清楚地为决策者提供比较完备的决策信息。

5.1.1.5 系统性原则

企业的风险识别还应遵循系统性原则，这要求风险识别应当是一个连续的、长期的、科学的过程。作为一个复杂的经济系统，企业每时每刻的经济活动都面临着风险，过去已发生的风险未来可能会再次发生，过去不受重视的风险现在或许能给企业造成巨额亏损。因此，企业在进行风险识别时，不能只聚焦于某一特定时期，还应对已发生的风险进行剖析总结，同时结合不同时期企业的经营状况特点，设计出一套动态的、具有不同侧重点的识别方案。如果没有科学系统的方法来识别和衡量，就不可能对风险有一个总体的综合认识，就难以确定哪种风险是可能发生的，也不可能较合理地选择控制和处置的方法。这就是风险的系统化原则。

5.1.2 风险识别的方法

虽然 20 世纪 60 年代和 70 年代的文献主要是基于定性研究分析政治风险，但是，20 世纪 80 年代和 90 年代，在预测主权违约或金融危机时，越来越多地使用定量分析。其中，诊断测试在现代经验计量经济学中扮演着重要的角色，它通过检验基本假设来检验模型的充分性。对外直接投资风险评估中，使用的方法有异方差性、序列相关性、外生性，非正态分布的三阶和高阶矩阵、参数和结构变化的恒定性、单位根检验和协整检验。一般而言，在选择特定模型的文献中很少或没有理论基础。在实证分析中，计算便利性和模型解释的容易性是模型选择的主要考虑因素，使用较多的模型有 Logit 模型、Probit 模型、Discriminant 模型、Tobit 模型、线性和对数线性回归模型、多组分层判别模型、双向误差分量模型、随机效应误差分量方程、朴素模型、组合模型、G-logit 模型、嵌套三叉树、顺序响应、无序响应、分类和回归树以及聚类分析。上述模型的分析方法往往是独立的，而有研究表明人工智能与部分方法的组合应用，往往效果更好。获得了基本的数据或信息后，进一步的数据分析处理常采用以下三种基本理论与方法：第一类是定性识别法，包括专家调查法、流程图分析法、SWOT 分析法等；第二类是定量识别法，包括决策树法、蒙特卡罗法、外推法、模糊分析法等；第三类是综合了定性分析与定量分析的识别方法，例如影响图法、层次分析法和故障树分析法。每一种风险识别方法都有其独特的适用性，能够解决的问题也不尽相同，通过筛选比较，结合本书所研究问题具有的特点，将重点介绍其中常见的九种方法。

5.1.2.1 流程图法

流程图法以其化繁为简、清晰明了的特点受到企业青睐，是企业识别风险最常使用的方法之一。流程图法的基本步骤是，首先对企业生产管理过程的一切环节进行系统化、顺序化处理；其次将处理后的结果绘制成流程图并重点标注出各环节之间的关键控制点；最后在企业遭遇风险时，将企业的实际生产管理过程与流程图进行比对分析，找到风险发生的根源。通常情况下，企业的生产管理流程可以从价值流角度分为内部流程与外部流程，其中，内部流程是企业实际制造商品和服务的流程，对内部流程做出的分析可以高效判别企业是否存在营业中断风险，外部流程则是指原材料的采购、最终品的运输等与供应商和客户直接相关的流程，分析外部流程将对企业的营业中断风险做出判别。

5.1.2.2 SWOT 分析法

SWOT 分析法是一种从优势（strengths）、劣势（weaknesses）、机会（opportunities）、威胁（threats）四个维度分析企业现状，帮助企业识别潜在竞争对手、制定战略决策的方法。使用 SWOT 分析法进行风险识别时，通常要对企业面临的外部环境的变化先做出分析，然后再结合企业内部经营管理的真实状况，综合辨别出企业可能面临的外部、内部风险。SWOT 分析法对前期资料的搜寻有较高要求，当辅助决策的相关资料足够真实完备时，利用 SWOT 分析得到的结果才具有科学性。

5.1.2.3 决策树法

对具有不同期望值且用决策树表示的决策进行比较分析时，用到的方法即是决策树法，作为一种定量分析法，它的主要优势是简洁易懂、层次清晰，主要劣势是易受到决策者在确定概率和损益值时具有的主观判断的影响。在运用决策树法进行风险识别时，其主要步骤包括以下四个环节：第一，依据已知条件将每一种决策方案及其包含的自然状态绘制成包含决策结点、方案枝、状态结点、概率枝四要素的树状图；第二，将所有自然状态的概率和损益值标注在概率枝上；第三，通过概率和损益值计算出每一个方案对应的期望值，将期望值标注在方案对应的状态结点上；第四，对方案的期望值进行两两比较，逐一"剪去"期望值较小的方案，得到最终的最佳方案。

5.1.2.4 外推法

外推法是类比推理法的一种特殊应用，其作用的领域非常广泛。在风险识别过程中，外推法通常是指时间序列预测法，其基本思路是将已发生的风险量化为包含时间维度的一个样本序列，之后通过趋势平均法、指数平滑法等方法使时间序列向未来延伸，从而对未来风险发生的可能性做出预测。

5.1.2.5 模糊分析法

模糊集合理论又简称模糊理论（fuzzy theory），是一门以量化方法处理模糊概念的学问，模糊集（fuzzy sets）的概念起源于美国自动控制学家 Lotfi A. Zadeh 教授于 1965 年在《信息与控制》学术期刊上所发表的著名论文《模糊集合》。由于 fuzzy 一词从字面上来看是模糊的、朦胧的，因而起初并未广泛被讲求精确的科学研究人员接受，直到 20 世纪 70 年代初期出现成功的工业应用，才逐渐受到关注，但仍停留在学术研究阶段；20 世纪 80 年代末期，日本结合各界力量，大举开发 fuzzy 家电产品，才将其推向市场，引起广泛注意；20 世纪 90 年代起各界纷纷投入模糊理论之研究，各式各样的应用也纷纷出炉，印证了模糊理论的实用性。

目前，模糊理论已经发展成为专门探讨如何利用模糊或不完全信息，借由近似推理仍能做出正确判断的理论，其涵盖范围极广，除了最基本的模糊集合外，还包括了模糊关系（fuzzy relation）、模糊逻辑（fuzzy logic）、模糊量测（fuzzy measure）、模糊推理（fuzzy reasoning）等。由于模糊理论与人脑"过程模糊，结论清晰"的思维方式极其类似，因而已成功地应用于各种不同的领域，例如，模糊控制（fuzzy control）、模糊决策（fuzzy decision）、模糊专家系统（fuzzy expert system）、模糊信息检索（fuzzy information retrieval）、模糊图像处理（fuzzy image processing）、模糊模式识别（fuzzy pattern recognition）、模糊规划（fuzzy programming）、模糊数据库（fuzzy data base）等。

传统的风险模型是基于概率和经典集合理论，广泛用于评估市场、信用、保险和交易风险。相比之下，模糊逻辑模型建立在模糊集理论和模糊逻辑之上，可用于分析知识不足或数据相对不准确的风险，此类风险通常属于操作风险或新兴风险类别。模糊逻辑系统有助于简化大规模风险管理框架，对于没有适当量化概率模型的风险，模糊逻辑系统可以帮助对因果关系进行建模，评估风险敞口程度，并以一致的方式对关键风险进行排序，同时考虑可用数据和专家意见。模糊逻辑系统包括明确解释模型因素之间的联系、依赖性和关系的规则，这有助于识别风险缓解解决方案。

模糊集理论和模糊逻辑模型也可以用于其他类型的模式识别和决策模型，包括贝叶斯模型和人工神经网络模型、隐马尔可夫模型和决策树模型，这些扩展模型有解决困难的风险评估问题的潜力。

具体到投资风险评估来说，模糊综合评价法是根据模糊数学的隶属度等理论将对某一问题的定性评价转化为定量评价，建立风险因子的模糊集合、风险性质的隶属函数和风险因子的模糊矩阵，即用模糊数学的理论对受到多种因素制约的对象做出一个总体的评估。其具体步骤如下。

第一步，建立因素集 $F = \{f_1, f_2, \cdots, f_n\}$。

第二步，建立评价集 $E = \{e_1, e_2, \cdots, e_m\}$。

第三步，建立权重集 $W = \{w_1, w_2, \cdots, w_n\}$。其中，各权重须满足条件 $\sum_{i=1}^{n} w_i = 1$。

第四步，建立单因素评价矩阵。对因素集 F 进行单因素模糊评价，确定因素集中各因素隶属于评价集 E 中评语的程度，形成以下结构的单因素评价矩阵：

$$R = \begin{bmatrix} r_{11}, r_{12}, \cdots, r_{1m} \\ \vdots \\ r_{n1}, r_{n2}, \cdots, r_{nm} \end{bmatrix}$$

其中，r_{nm} 表示因素集中第 n 个因素隶属于评价集中第 m 个评语的程度。

第五步，进行模糊合成。选取模糊合成算子对权重向量和单因素评价矩阵进行模糊合成，得到模糊综合评价矩阵，矩阵的每一个元素即为模糊综合评价指标。

5.1.2.6 故障树分析法

故障树分析法是一种利用故障树图对风险事件之间内在联系进行分析，对风险发生原因进行探究的方法，常用来识别大型复杂系统的可靠性和安全性。故障树分析的基本步骤如下：第一，深入观察所要研究的系统的运行状态，统计分析已发生的风险事故案例，对系统可能面临的风险做出预设；第二，找到影响范围大、破坏性强、发生频率高的事故，确定其为顶上事件，顶上事件的发生频率即为对此类风险进行控制的目标值；第三，从顶上事件开始，自上而下按照因果关系逐级搜寻相关事件，并将这些事件绘制成故障树；第四，确定各基本事件的发生概率，计算顶上事件的发生概率。

5.1.2.7 层次分析法

20 世纪 70 年代中期，匹兹堡大学萨蒂 T. L. Saaty 教授提出了层次分析法，随后被开发并应用于许多领域，例如经济管理、能源政策、行为科学、军事指挥、交通运输、教育医疗、环境等领域。AHP 是一种定性和定量相结合的、系统化、层次化的分析方法，先将需要决策的问题分解成更容易理解的子问题的层次结构，每个子问题都可以独立分析。一旦建立了层次结构，决策者就会系统地评估该结构下的各种要素，并将它们相互对比。在进行比较时，决策者可以使用有关元素的具体数据，也可以使用他们对元素相对含义和重要性的判断。AHP 将主客观评估转换为可在整个问题范围内进行处理和比较的数值，对于层次结构的每个要素都会得出数字权重或优先级，从而允许以合理和一致的方式将各种不同的元素进行比较。层次分析法可将一些彼此间重要性不明确的因素加以条理化，并排出各因素间相对重要性的次序，使一些不能算出具体数量的决策问题，取得较为理想的决策分析效果。层次分析法有以下具体步骤。

第一步，建立系统的递阶层次结构（见图 5-1）。

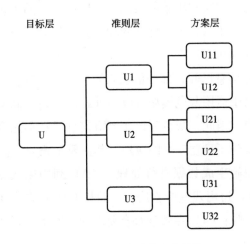

图 5-1 系统的递阶层次结构

第二步，构建判断矩阵。通过专家意见法或问卷调查等方法，在已构建的风险评估指标体系的基础之上，由下至上，对同一层次的所有指标进行两两比较，得出两两之间的相对重要程度，形成判断矩阵。在构造判断矩阵时，需要选择特定的标度方法，常用的方法有两种，分别是 0.1~0.9 五标度法和 1~9 位标度法。

第三步，对判断矩阵进行一致性检验，验证其设置的合理性。若判断矩阵未通过一致性检验，则需对其进行修正或重新设定。

第四步，由判断矩阵计算得到各层级风险指标的权重。

层析分析法提供了一种条理化、层次化的思维模式，能很好地解决指标排序或确定指标重要性权重问题，有助于解决企业跨国投资风险因素繁杂而导致定性因素量化困难这一问题，把它和其他方法结合起来使用可以解决复杂跨国投资系统问题。

5.1.2.8 灰色系统理论

该理论是我国学者邓聚龙教授于 1982 年提出的，是控制论的观点和方法应用于社会经济系统的产物，也是控制理论与运筹学等相结合的产物。灰色系统是指那些内部信息部分清楚、部分不清楚或者说部分确知、部分不确知的系统。灰色系统理论认为，系统是否会出现信息不完全的情况，取决于认识的层次、信息的层次和决策的层次，低层次系统的不确定量是相当高层次系统的确定量，主张从系统内部结构和参数去研究系统，充分利用已知的信息去揭示系统的规律。该理论将自动控制与运筹学的数学方法相结合，为研究贫信息（部分信息已知，部分信息未知）系统问题提供了途径，产生了世界性的影响。由于运用灰色模型可以在外延已知、内涵未知的情况下反映出系统的内在规律，因此，灰色理论在风险信息通常不完全和不确定的风险识别和评估领域得到了日益广泛的应用。其主要步骤为：（1）用累加生成法和累减生成法对原始生成数据进行处理；（2）利用生成数据建立 GM（n，h）灰色模型；（3）运用残差检验法、后验检验法或关联度检验法对所建立的模型进行精度检验；（4）在数度符合要求的情况下，运用 GM（n，h）模型进行风险分析。

5.1.2.9 BP 神经网络法

BP 神经网络是人工神经网络中最具代表且应用最广的一种方法，可以处理复杂的模式识别、预测和分类问题。它是一种基于三层及以上的前馈型层次网络（输入层、隐含层和输出层），通过信息的正向传播和误差的反向传播对网络进行学习训练，直到把训练误差控制在一定范围内，得到理想的输出值。具体包括节点输出模型、作用函数模型、误差计算模型和自学习模型。

5.2 "一带一路"背景下对外直接投资风险识别

5.2.1 东道国宏观环境风险

5.2.1.1 自然环境风险

"一带一路"沿线国家自然环境差异较大，灾害活动频繁，且部分国家受制于经济实力和政府执行力等因素的影响，防灾抗灾能力弱，企业的对外直接投资会面临一定的风险。

从区域来看，"一带一路"沿线大部分国家和地区处于气候及地质变化的敏感地带，自然环境十分复杂，生态环境多样而脆弱。从气候条件来看，东南亚及南亚等地区受每年的台风影响，洪水高发；而中西亚区域处于欧亚板块交汇处，地震频繁。从地形来看，"一带一路"沿线国家，既有高原山地又包括平原海洋，既有森林草原又覆盖了荒漠沙漠等复杂地形，不少沿线国家土壤贫瘠，处于干旱、半干旱地区，沙漠化和荒漠化问题严重，森林覆盖率低于世界平均水平。

东南亚尤其是东盟地区受热带季风影响，降水较多，洪水高发，也是世界生物最为多样最为丰富的地区之一，这一区域面临森林锐减、水和大气污染、工业污染排放、垃圾成灾、有毒化学品污染以及生物多样性锐减等问题。

中亚地区远离海洋，处于干旱和半干旱地区，是全球生态问题极为突出的地区，存在的环境问题主要有沙漠化和荒漠化严重、水资源短缺、水污染以及大气污染等问题。同时，中亚地区还面临生物多样性锐减、土壤污染以及重金属污染等环境问题。

南亚地区水污染严重，印度遭受生活污水、工业排放废水、化学药品和固体废弃物的严重污染。

中东地区不但水资源短缺还遭受"两伊战争"和"海湾战争"带来的"环境后遗症"，还由于汽车和重工业发展，空气污染严重。西亚面临土地荒漠化和森林进一步锐减问题，而蒙古国和俄罗斯等国家由于人为过度放牧、无节制使用草地和矿产资源开发导致严重的草地荒漠化、沙尘暴和空气污染严重。

5.2.1.2 人文环境风险

（1）政治政策风险。政治政策风险是"一带一路"对外直接投资国别风险中重要的风险之一。主要是由于政府行为造成的一种风险。政治政策风险具有强烈的不确定性，企业难以预判并及时反应，给企业造成的损失往往也是巨大的。

首先，当前世界政治经济秩序进入深入调整期，地区政治局势紧张态势不断升级，地缘政治不断变化。许多国家或国际组织为了创造更有利于自身的发展环境，纷纷提出各种发展战略目标。由于国家之间利益角度不同，这些战略目标之间存在着一定的冲突，对国际地缘政治带来了不容忽视的影响。中国于2013年提出了横贯欧亚非大陆的"一带一路"倡议，积极发展与沿线国家的全方位合作关系，以期达到共同发展、共同繁荣的目标。美国在2008年金融危机之后，积极启动而后又主动退出《跨太平洋伙伴关系协议》（TPP）谈判，提出所谓的"重返亚太"、亚太再平衡战略，试图重塑全球贸易投资规则。欧盟于2007年推出了《欧盟与中亚新伙伴关系战略》，更加积极地开展对中亚国家的投资与合作。俄罗斯则主导提出了"北南走廊计划"，试图抗衡西方国家主张的绕开俄罗斯的东西"欧亚经济走廊"。

其次，"一带一路"贯穿欧亚大陆，沿线所涉及的国家大多为发展中国家，政治局势具有较强的不确定性。稳定的政治局面是长期固定经济投资的保障，而沿线部分国家政治体制脆弱，政治生态恶化，国家政权更替现象时常发生。这类风险往往难以控制，对外商投资企业会带来极大的负面影响。

最后，政策变更也是政治风险的重要组成因素，连续性差的政策将为企业正常经济活动的开展造成诸多不便，企业不仅面临着成本增加的风险，同时还极有可能因政策变更而被迫中止经营，甚至撤出东道国市场。由于"一带一路"沿线部分国家政权频繁更替，新当权者往往会颁布新的国家政策，并对旧政府所签订的合作条约不予承认，或者当局政府为了追求眼前一时利益，通过变更税收政策、强行国有化等方式攫取外资企业的利益。更有甚者，由于政府在引进外资前缺乏与当地民众的沟通，在外资流入后会修改原有政策，中止合作，将与当地文化产生冲突的企业驱逐出市场。

（2）经济金融风险。经济金融风险主要指由于东道国的经济体制、经济结构的改变或者金融市场变化等因素使市场环境发生变化，造成企业投资收益受损的可能性。"一带一路"沿线国家众多，经济金融发展水平极不平衡，经济环境具有极高不确定性和不平衡性。

首先，东道国的经济发展水平及稳定性是外商投资的基础条件。研究发现，外商投资者在不同经济发展水平国家进行对外直接投资，其投资动因往往不一样。发展中国家的企业到发达国家投资，其主要目的是获取发达国家的科技资源，以促进经济增长；而发达国家的企业到发展中国家投资，其主要目的是获取消费市场，以及低成本的劳动力和资源。"一带一路"沿线国家大多是发展中国家，经济发展水平仍然相对滞后，基础设施的水平也比较落后，产业结构较单一，主要依赖矿产和资源出口。经济发展水平不佳容易发生债务违规、项目泡沫化等不利事件，也可能导致投资项目收益较低。例如，也门国家经济发展水平低，互联网及移动电话普及率不高，导致消息闭塞，沟通效率低，可能会使当地民众对"一带一路"项目建设产生误解，对与中方的合作项目推进不利。

东道国经济环境不稳定也会导致我国投资者资产面临损失。"一带一路"沿线部分投资目标国经济发展不佳，经济基本指标易发生变化，经济环境经常处于一种不稳定的态势。例如，欧洲许多国家陷入严重的债务危机、失业率过高；中东部分国家通货膨胀日益增长、经济结构存在一定问题。此外，沿线部分国家，可能会出于对本国经济发展保护的目的，出台相关政策法规来削弱外来投资对该国经济的影响，而经济政策一旦发生改变，可能会阻碍"一带一路"投资项目的进程，对我国企业投资安全构成威胁。

其次，"一带一路"沿线国家的汇率、利率变动及通货膨胀等金融系统风险会导致我国企业对外直接投资面临巨大损失。一国的财政收入结构在很大程度上决定了一国经济的自主性，财政收入来源渠道单一的国家，其经济增长对外部市场的依赖性往往较高，从而较易受到他国政策的影响。例如，长期依靠石油出口发展经济的沙特阿拉伯、伊朗，当国际石油价格发生较大波动时，其国民收入将受到很大影响，汇率波动的风险大大增强。与汇率波动如影随形的往往是通货膨胀。国内通货膨胀水平若长期居高不下，则本国货币购买力将急剧下降，汇率势必发生变化。造成一国通货膨胀的原因可能是外债负债率较高，政府为偿还债务，以通货膨胀为代价实现财政收入，也可能是受政权频繁更替的影响，致使国内发行货币的种类多种多样，币值难以稳定，通货膨胀无可避免。另外，本国货币在国际市场的持续贬值也很有可能通过进口成本的上升诱发国内市场的通货膨胀。无论从哪个角度来看，对于在该国进行投资的企业都是一种不可避免的风险。

除了汇率，利率的波动幅度也会在很大程度上影响一国的投融资环境。频繁调整的利率水平将对投资企业的资金使用成本、所发行证券的预期收益率产生很大影响。

（3）社会文化风险。一般而言，政治风险与经济风险通常是跨国企业在对外直接投资前期关注的重点，而社会风险则往往是跨国企业在融入当地社会时急需解决的关键问题。"一带一路"沿线国家众多，这些国家在自然资源禀赋、人口数量、社会制度等方面具有的差异性催生出社会文化的差异性，表现为宗教信仰、文化风俗、教育水平各不相同。

首先，"一带一路"沿线国家宗教问题较为复杂，会给投资企业带来巨大风险。佛教和伊斯兰教是东南亚非各国人民的主要信仰，中亚各国则基本保持着伊斯兰教信仰传统，由于历史因素和西方文化的影响，还有一些国家同时保持着一些基督宗教信仰。每个国家都有着复杂的政教关系，有些国家是政教合一，有些国家是以某种宗教为国教，而在另一些国家某一种宗教是大多数人的信仰。虽然情况千差万别，但宗教因素将在这些国家长期存在是一个不容置疑的事实。宗教问题处理不好，会给我国投资企业带来不可估量的损失。宗教风险大致可以分为"认识型"和"发生型"两类：所谓"认识型的宗教风险"，指的是由于对当地宗教状况认识不足可能会导致的思想误判与行动失当；所谓"发生型的宗教风险"，指的是因宗教因素（至少在名义上）而有可能导致的各种矛盾和困难，乃至产生各种暴力和冲突。

其次，"一带一路"沿线有的国家因特殊区域位置导致恐怖主义盛行。2015年，众多"一带一路"项目开始建设，要保证这些项目的顺利进行与健康发展，基础设施是非常重要的一环。然而，基础设施由于具有人流密集、施暴影响力大等特点，医院、供水供电系统、能源设施、公共交通系统往往成为极端势力恐怖袭击的重要目标。

（4）对华关系风险。对华关系风险是以国家特定风险为主的风险，包括双边政治关系、投资贸易关系、税收关系、人文交流和互勉签证等。对华关系风险对中国企业对外直接投资的影响相对较大，如果我国与东道国的国际关系紧密，企业在东道国的经营环境就会相对宽松，潜在的风险尤其是政治风险就会相应地降低，反之，在东道国与我国关系恶化的情况下，企业的投资风险以及经营风险就会相应升高。当前，世界百年未有之大变局持续发展，国际形势错综复杂，地区热点问题此起彼伏，大国关系加速调整。中国以"一带一路"同各国发展战略对接为主线，深化与沿线国家关系，谋求共同发展和共同繁荣，为中资企业的对外直接投资创造机会。总体来说，世界形势的发展是曲折的，世界各国政治经济的不确定性因素还在不断增加，对于中国企业来说，这既是机遇也是一个挑战。这是一场需要双方都获益的博弈，在这场博弈中，如何准确把握东道国与母国的双边关系，巧妙规避各国的经济、政治、经济、法律和文化风险，趋利避害，是我国对外投资企业必须深思的问题。

5.2.2 企业微观经营风险

目前，我国大型企业仍以国有或国有控股为主，且国有企业在我国"一带一路"对外直接投资中占主导地位，但国有企业在管理结构上普遍存在缺陷，首先，所有者和经营者在目标取向方面存在偏差、责权不明晰、对企业经营者的激励和约束不足等，这一系列问题导致国有企业在国外市场竞争中缺乏效率和国际竞争力。其次，我国企业在财务管理、技术标准以及产品质量标准等方面都与国际惯例有一定差距，这也使我国企业在国际竞争中处于劣势。最后，不同文化背景的经营者在价值观等方面容易形成较大差异。例如，在风险观念方面，中国企业家一般缺乏探索和冒险精神，在不确定条件下不敢贸然决策，往往失去市场竞争机会；而西方企业家则勇于冒险、敢于探索，尤其是在研制新产品、开拓新市场、运用新技术等方面表现突出。中国企业在进行对外投资活动时，应先审视这类企业内部固有的风险。

5.2.2.1 公司治理风险

（1）国际化人力资源风险。国际化人事制度和国际化经营管理人才是企业进行跨国经营的两个重要支撑。与众多知名的跨国公司相比，我国企业的境外人事制度尚有很多不足之处，在东道国分支机构中，中高层管理人员多由总公司指派，许多中方管理人员对东道国的文化、市场、法律、政治都欠缺了解，中方员工与东道国员工之间很容易产生摩擦甚至爆发冲突。另外，在薪酬管理制度和绩效考核方面，中方员工的评价体系与东道国员工也大相径庭，某些中方高层管理人员的薪酬甚至不与企业的经营业绩挂钩。失去了科学的考核奖惩体系，管理人员责任心降低，经营风险不可避免地会增大。同时，在不公平的人力资源制度下，优秀员工的流失也是必然。另外，我国在"一带一路"沿线国家的投资大多是规模庞大的工程，东道国的人才市场也将会成为我国企业的主要人才来源，但是，世界经济论坛（WEF）数据显示，2006～2017年，"一带一路"沿线国家中，巴基斯坦、也门、东帝汶、阿曼等20余个国家，其国民的平均初等教育参与率低于90%，仅新加坡、巴林、以色列等少数国家的平均初等教育参与率高于95%，[①] 沿线国家教育普及率的普遍低下意味着将大大提升我国企业面临的人才来源风险。当前世界，资源争夺日益白热化，意识形态偏见、民族主义、贸易保护主义抬头，企业境外直接投资面临的风险前所未有，如果企业缺乏应对这些风险的高素质、国际化人才，企业面对的风险将更加严峻。因此，懂法律、懂交际、懂管理、熟悉财务和营销的高素质企业管理人才是保证企业境外投资和经营良好运行的关键，任何对外投资企业都应予以高度重视。

（2）企业财务风险。首先，汇率方面，"一带一路"沿线国家货币汇率频繁波动，特别是中东地区的国家时常会发生货币贬值的情况，在此地区投资的企业就面临着会计折算的风险。此外，如果外国政府冻结本国货币，无法与其他货币进行兑换，那已经进行投资的企业就会面临交易风险和经济风险。其次，利率方面，"一带一路"沿线国家政治经济环境的复杂性导致利率频繁波动，我国企业在当地投资股票、债券等证券市场的收益容易受到市

---

① 世界经济论坛，https：//www.weforum.org/reports.

场利率变动的影响。再其次,经营方面,我国企业在"一带一路"沿线国家投资的项目一般都比较大,需要数年甚至几十年才能收回成本和获利。大额资金的投入和较长的时间跨度让企业投资项目的未来收益充满了不确定性。最后,应收账款风险,由于对"一带一路"沿线国家当地的企业客户信用程度不了解,我国企业会面临较高的违约风险,财务出现坏账的可能性更大,积压严重的应收账款会破坏企业资金的可流动性,造成公司财务状况恶化。

(3) 技术外溢风险。"一带一路"沿线国家多为欠发达国家,其本国企业自身的生产技术、研发能力、管理水平往往不高,中国企业在对这些国家进行投资时,所起到的示范带动作用会比较明显,由此引致的技术外溢风险较大。技术外溢导致的东道国企业技术提升、产业结构升级,将对企业的市场份额产生冲击,同时有可能提高东道国市场的人力成本。这种由于技术管理不当而带来的市场竞争加剧、企业利润受损,即是技术外溢风险。

5.2.2.2　战略决策风险

战略决策是关系企业全局和长远发展的重大问题的决策。战略决策风险是企业无法回避的风险,其风险在于决策者对未来预期和实际情况的偏差。

(1) 战略风险。战略风险是指企业在对外直接投资的过程中,其制定的投资战略在投资方式、投资目标、投资领域等方面所表现出的风险性。一方面,企业的对外直接投资主要分为绿地投资和并购,但这两种方式均存在一定的风险性。绿地投资又称新建投资,然而这种方式的前期投入大、建设周期长、难以快速和有效打开东道国市场,且对跨国公司自身资金、技术、能力等要求较高。并购是收购与兼并的简称,指外国投资者依法通过一定渠道取得东道国某企业部分或全部所有权。但这种跨国购买的方式同样存在较大风险,例如并购前的信息不对称风险、并购后的整合管理风险、不同衡量准则造成的价值评估风险以及东道国政府出于安全因素的考虑而出现的抵制风险。另一方面,以国有企业为主力的中国企业,在对"一带一路"沿线国家进行对外直接投资时,常具有较强的政治目的,东道国对此往往具有较高的警惕性,企业在东道国市场的经济活动可能会面临着较为严格的监管,由此带来的经营成本上升等问题将提高投资风险。另外,中国企业对"一带一路"沿线国家的投资领域主要集中在基础设施和能源行业,由此也带来了一定的风险。基础设施项目的施工期限长，所需资金规模大，资金回报率往往较低，且易受东道国政治局势变动的波及。而能源领域的投资，由于其具有的战略意义，易引起东道国政府及居民的敌视，产生较高抵触情绪，致使项目实施难度加大。

（2）决策风险。大多数中国企业的决策风险主要体现在以下两个方面：一是决策效率较低。对外直接投资的决策层级较多、决策流程较长，虽然严谨的决策程序能够较大程度避免盲目投资、重复投资、可行性研究不充分等投资行为，但却严重地影响对外直接投资经营决策的效率，经营决策的时效性较慢可能会导致决策结果已不适用于动态变化的投资环境。二是决策过程的科学性不够。一些企业在对外直接投资经营决策过程中，可行性调研不充分，未经过科学分析的研究论证，提供决策的信息维度不全面、不真实，或由于决策人员缺乏国际化经营管理经验而盲目决策，这些都会导致经营决策结果落后、企业品牌形象受损、财务管理混乱，甚至资金紧张等风险，难以获得对外直接投资的预期效益。

5.3 "一带一路"背景下对外直接投资风险的特殊性

较之常规的对外直接投资，中国企业对"一带一路"沿线国家进行的投资，在投资行业、投资区域和投资主体方面更具有自身的特色。但也存在一些风险。

5.3.1 投资区域集中风险较大

中国企业对"一带一路"沿线国家的投资主要集中在东南亚区域，该区域内部分国家人文环境复杂，近年来内部冲突不断，并且普遍面临社会与经济发展转型的压力。一方面，部分国家内部政治与社会持续动荡，发展压力增大；外部地区秩序演变更加复杂。区域内国家经济发展相对不平衡，一部分国家因为相对薄弱的经济基础与不稳定的内部环境，会导致外来投资企业的经济风险更高。另一方面，过度集中的投资区域加剧了对外直接投资企业间的竞争，降低了投资效率，间接提升了中资企业对外直接投资的风险性。李锋（2016）曾对 2005～2014 年中国对"一带一路"沿线国家直接投资的 33 起失败案例做出统计，结果发现东南亚地区的失败案例数高达 17 起，已超过总数的一半。由此可见，投资区域的过度集中很可能会加大企业投资的风险性。

5.3.2 风险管控难度增加

不同于一般的对外直接投资，企业在对"一带一路"沿线国家进行投资时，面临的风险类型更加多样，治理风险受到的限制更多，实施风险管控的难度更大。"一带一路"覆盖的国家数量极多，这些国家在自然条件、经济基础、法律环境、社会文化等方面呈现纷繁复杂的特征，企业在进行对外直接投资的风险评估时，需要综合分析各个国家的各种风险，对已发生的风险进行治理时，需要熟悉不同国家的法律法规，庞大的工作量将大大增加企业实施风险管控的难度。

5.4 小结

本章在综合分析风险识别的原则和方法的基础上，尝试从东道国宏观层面和企业微观层面对"一带一路"的对外直接投资风险进行识别。其中，宏观层面的风险主要有自然灾害风险和人文环境风险，具体包括政治政策、经济金融、社会文化和对华关系方面的风险；微观层面的风险主要有公司治理风险和战略决策风险，具体包括了企业的人力资源、财务和技术方面的风险。并特别指出中国企业在"一带一路"沿线国家进行投资时所面临的风险有别于其他风险，具有一定的特殊性。只有准确识别出有效风险，才能更好地帮助我国企业在"一带一路"沿线国家进行投资时规避和防范风险。

第 6 章

"一带一路"背景下对外直接投资风险成因及传导机理

在全球价值链分工越来越明确的大背景下,投资风险的传递无法回避。全球产业链和供应链的整体布局和密切关联使企业可以参与国际分工,当上游和下游产生大的变化时,风险就自然传导到本国或者本行业所在的一环。在"一带一路"的背景下,基于风险源识别的基础上,明确风险成因,梳理风险的传导过程及路径,对于我国对外直接投资企业而言具有重要的指导意义。

6.1 "一带一路"背景下对外直接投资风险成因

中国政府主张并实施"一带一路"倡议以来,越来越多的中国企业"走出去",为促进中国和沿线经济体建立起"同呼吸、共命运"的联系贡献自己的力量。但是,国际宏观政治经济局势的变动和"一带一路"沿线国家相对复杂的国内环境中国企业自身风险防范管理的薄弱,使中国企业的对外直接投资面临着诸多风险,具体原因分析如下。

6.1.1 国际环境

6.1.1.1 地缘政治博弈频发

近年来,全球进入了一个地缘政治冲突、政局动荡的高发时期,几乎每个月都有重大地缘政治事件爆发。客观上加大了中国企业海外投资的风险。一些西方国家否定中国在"一带一路"沿线地区开展基础设施建设、实现"五通"与互利共赢方面的积极努力和贡献,使得中国"一带一路"倡议的推行面临较大的阻碍,不利于中国发展对沿线国家的直接投资。

同时,"一带一路"沿线部分国家社会矛盾不断激化、政治风险不断攀升,中国企业如果贸然进入投资会面临较大风险。

6.1.1.2 贸易保护主义抬头

经济全球化促进了各个国家的相互联系,由此带来的负面影响是任何一个国家或地区的经济出现危机,都有可能通过全球化的网络迅速蔓延到其他国家和地区。1997年的东南亚金融危机,2008年的美国次贷危机均引发了地区及世界范围内的经济动荡,尤其是后者直接导致了全球金融危机的发生,部分国家至今都未走出危机的阴影。

经济危机导致部分国家投资和贸易保护主义抬头,尤其是针对我国的各种形式的贸易保护措施层出不穷。"一带一路"沿线部分国家,不管是发达国家还是发展中国家,出于自身利益考虑,不仅加大了对我国出口产品的反倾销、反补贴等方面的保护措施力度,还对我国企业的对外直接投资活动设置了更多的障碍,这种投资和贸易保护主义的倾向加大了我国企业在"一带一路"沿线国家投资的风险。

6.1.1.3 全球产业结构重构

在经历了全球多次经济危机之后,各国经济增长逐步放缓,国际经济格局正在加速调整,产业竞争日益激烈,全球产业结构出现了重构的趋势。在此背景下,各国纷纷加快科学技术创新和产业结构的战略性调整。目的在于抢占全球价值链的上游,在中高端产业和技术创新方面占有一席之地,以促进本国的对外直接投资。

中国经过多年发展,高新技术水平已取得了长足进步,但由于科技研发投入相对有限,技术创新与发达国家仍有差距。对外投资难以进入具有高回报的高附加值行业,大多仍停留在劳动力密集型和资源密集型产业。

6.1.2 政府层面

6.1.2.1 国际协调缺位

政府在对外直接投资国际协调上的主要作用是通过与其他国家和国际组织建立双边和多边的投资保护机制来实现对外直接投资的保护。据商务部公布的数据，截至 2020 年底，中国已与世界上 105 个国家和地区签署了双边投资保护协定。其中包括 58 个 "一带一路" 沿线国家。

但是协议里面关于我国企业对外直接投资的保护协定安排较少。由于我国一直是外资的净流入国，与我国做出双边投资协定的主要是资本的输出国，而在我国逐渐成为资本输出国之后，尚没有全面与被投资国建立相应的投资保护安排。尤其是 "一带一路" 沿线许多国家向中国的投资比例较小，中国在双边投资关系中占据资本输出国地位，但双边协议中对中国投资者的保护条款不多甚至缺失，且一些重要实体条款设置不清晰、规定各异，这些都会造成中国企业的投资风险。

并且双边投资保护协定的内容往往针对的是民营企业投资，而我国在 "一带一路" 沿线国家的投资主体以国有企业为主。81 家中央企业在 "一带一路" 沿线承担了超过 3400 个项目，项目数超过了 60%，合同投资额超过了 80%。但是遗憾的是，这些企业并没有享受到相应的保护条款。

6.1.2.2 海外投资保险制度欠缺

海外投资保险制度是世界主要资本国通行的制度，美欧日等发达国家都根据各自对外直接投资的实践建立了本国的海外投资保险制度。这种制度在降低东道国投资环境的不确定性和投资风险损失方面具有直接的作用。目前全球海外投资保险制度的模式共有三种，即美国模式、日本模式和德国模式。每个模式都各自有优劣。美国的单边模式对缔约国具有很强的约束力，能够对本国企业的对外直接投资提供强有力的保护；日本的单边模式会使很多日本企业在遭受风险后向东道国当地政府寻求救济；德国的混合模式则更为灵活，可以依据具体情况为企业提供合适的保护。

目前中国的海外投资保险制度尚不成熟，仅有一个国有独资背景的中国出口信用保险公司承担海外投资保险的功能。但是中国信保的《投保指南》采用了单边主义的日本模式，这种模式使得中国企业在遭遇海外投资风险时容易处于被动地位，无法有效约束东道国对我国企业投资的不正当管制和干预行为。

6.1.2.3　国内立法滞后

与发达国家相比，中国目前尚没有形成国家层面的对外直接投资基本法，而是由各种专项立法及相关的部门法规规章以及其他规范性文件相互联系形成的一个综合的对外投资法律体系。内容大多出自政策性文件的规定。

6.1.2.4　公共服务支持力度弱

目前，我国驻外使领馆拥有大量所在国的经济信息，这些有价值的经济信息都是直接报送其上级主管部门，然后再在各部门之间流转，是一条单向、封闭的信息流通通道，已经或将要进行境外投资的企业难以获取和利用这些信息。同时，我国专门为对外投资企业提供信息服务的特定机构还不多，收集的信息相对零散，没有进行深度整理和加工，很多信息的价值得不到充分发掘。此外，我国为企业提供的对外投资可行性研究、项目申请支持等辅助服务不多。这些都会使我国企业在对外投资时面临信息缺乏的窘境。

6.1.3　企业层面

6.1.3.1　经营管理方式粗放

部分中国企业经营管理方式粗放，一些投资项目过分追求经济利益，没有有效处理当地社区和劳工的利益，引起了部分东道国社会公众的抵制，不仅导致投资失败，还可能直接伤害中国的对外形象。究其根本，失效的原因是管理者没有对投资项目利益相关者的利益诉求和利益结构进行准确的把握和分析。此外，部分企业还缺乏全球发展思维，其对外投资目标和全球化发展战略不明确，很少利用东道国和母国的资源与市场来促进企业的发展，而只是将海外投资作为享受国内优惠政策的手段，尤其在鼓励企业对外投资的环境下，一些中小民营企业为了获取国家投资补贴而对外投资，这些目的必然导致对外投资的失败。

6.1.3.2 风险防范意识薄弱

中国在"一带一路"沿线国家的投资以国有资本为主，在对外直接投资中，盲目投资现象严重。前期准备工作不足，风险识别能力较差，风险防范意识不强、缺乏应对风险的有效手段等造成的风险损失也是巨大的。

6.1.3.3 融资渠道有限

我国的企业在对"一带一路"沿线国家和地区开展直接投资时，对于资金的需求量是极大的，目前企业获得资金的融资渠道以亚投行、丝路基金和本国政府为主，东道国多以发展中国家为主，金融市场不完善。根据亚洲开发银行的估算，2016～2020年，"一带一路"沿线国家对于基础设施建设的资金需求约为每年6000亿美元以上，而公共部门与私人部门投入的资金总额只有每年2000亿美元，本国的资金缺口较大，但当地企业及政府并不能提供较大的资金支持。[①] 在投资收益方面，由于我国企业对沿线国家的投资大多数是基础设施建设领域，这一行业的特征是建设周期长、不确定性大、收益回报低，而投资收益较高的高新技术产业目前并未在中国对"一带一路"沿线国家直接投资中占据较大的比重，这使东道国的许多金融机构采取观望或怀疑的立场，并不会为中国的投资企业提供太多的融资。

6.1.3.4 国际化人才缺乏

对中国企业而言，对外直接投资的最大挑战是国际化人才严重不足。一方面，缺乏具备良好协调能力的海外投资人才。对外直接投资涉及不同国家和地区的法律规章、文化习俗和营商环境，比国内更为复杂，需要熟悉异域文化、法律体系、商业习惯的海外投资人才，开展协调与项目管理工作。另一方面，对外投资企业还没建立起充分利用海外人才的用人机制。很多对外投资企业薪酬体制、经营理念、管理方式尚未与国际接轨，无法吸纳全球英才为企业所用。

---

① 亚洲开发银行数据库，https：//data. adb. org.

6.1.3.5 投资风险高度集中

由于受国内政府投资体制机制的限制，对外投资的审批制度仍不规范，致使中国企业在海外投资的产业分布和区域分布十分随机和无序，投资风险集中度较高。

在投资类型上，一是我国企业对外直接投资中非金融类直接投资占主导地位，金融类直接投资偏少的原因主要是我国金融类投资的发展历史较短，金融投资的经验短缺，除此之外，很多东道国对金融领域的投资限制要高于非金融领域。二是在"一带一路"沿线国家的投资以绿地投资为主，并购为辅。但是，与发达国家相比，无论是绿地投资还是跨国并购，中国企业的经验都较为缺乏，尤其是并购后企业的整合能力不足，给企业的经营管理增加了风险。同时，跨国并购的行为将影响东道国本土企业的经营状况，同时改变东道国的市场结构，所以"一带一路"沿线国家通常会非常重视跨国并购的投资行为，同时也会设置一定的限制，特别是投资环境不稳定的东道国，更容易对中国企业的并购投资采取干预和限制措施。

6.2 "一带一路"背景下对外直接投资风险传导机理

从本质上讲，对外直接投资风险可以理解为对外投资行为的实际效益与预期偏差的可能性，或者受其他因素影响导致损失的概率。基于上面的界定，风险的传导机理是建立在对外直接投资行为的影响因素的重要性不同，及其主导地位可能动态变换的基础之上。因此，基于"一带一路"的背景，分析对外直接投资的风险传导不能用单一或者线性的思维，而是需要用动态博弈和系统性的协同思维。

6.2.1 风险源与载体

风险是对外直接投资风险传导的对象，影响对外直接投资项目客观存在的风险是对外直接投资传导的重要前提，即风险源的存在。基于前面的研究，"一带一路"对外直接投资的风险源主要来自东道国宏观环境风险和企业微观经营风险。具体来说，除了人力不可控的自然灾害风险之外，主要有政治政策风险、经济金融风险、社会文化风险、对华关系风险、公司治理风险以及战略决策风险。

风险载体是指承载和携带危险因素的有形物质和无形效应的总和。对外直接投资是通过现金、实物、无形资产等对外输出的方式在境外新建企业或跨国并购实现的。对外直接投资的风险不是与生俱来的，它也需要依附某些载体而传播。在对外直接投资过程中，资金、物质、人员等是项目建设的重要组成因素，也是最容易承载危险因素的载体。除此之外，还有信息传播载体。具体分析如下。

6.2.1.1 以资金为载体的风险传导

资金问题是对外直接投资项目建设的关键。对外直接投资过程中不能缺少资金的支持。以资金为载体的风险传导最主要的特征就是依靠资金链这个环节进行，一个环节若发生了风险就会导致相邻的环节发生风险，导致投资项目的投资周期延长，甚至中断而无法获得应有的收益，这样长期下去会形成企业债务，当债务累积过多时会影响对外直接投资项目涉及的各个主体利益。此外，东道国或母国的通货膨胀、汇率利率变动等宏观经济因素的变化更会引起对外直接投资项目的整体风险，形成以资金为载体的对外直接投资风险传导。

（1）筹资风险的传导。资金是企业能够存活的生命之源，筹资在各个阶段都会发生，若企业筹集不到投资所需资金可能会导致经营风险，目前，我国在"一带一路"沿线各国投资的项目以基础建设为主，此类项目投资金额很大。国有企业实力雄厚，也是这类项目的投资主体，但是，民营企业往往会由于资金短缺而造成筹资风险，继而将这种风险传导到其他环节，影响整体营运和投资。

（2）经营风险的传导。企业在对外直接投资时所进行的各种经营活动，往往会产生经营风险。在全球价值链分工的大背景之下，不同国家的不同企业都处在价值链的不同环节。当上游企业出现原材料缺乏、劳工短缺等经营性风险时，势必会传导至中游和下游企业，导致对外投资项目的整体运营风险。同理，中游或下游企业的经营性风险也会互相传导，影响上游企业。

（3）投资风险的传导。企业的对外直接投资，并不能保证肯定会有预期收益，甚至有时还会伤及本金。资本市场瞬息万变，投资项目的预期收益会受到多种因素的影响，尤其是"一带一路"沿线大部分国家的金融市场并不发达，金融体制和法规不健全，我国企业会面临很大的投资风险，这种风险产生的直接后果就是不能获取收益甚至无法收回本金，这会严重影响企业的资金循环及再周转，进而造成财务风险。

（4）利润分配风险的传导。企业对外直接投资的目标是利润最大化，尤其是股东利益的最大化，只有不断使现有股东满意才可能吸引更多的潜在投资者。利润分配风险集中反映在资本运作的最后一个环节中，一般包括股东分红和企业留存收益用于下一期的再投资。如果企业将一年对外直接投资的利润都用于股东分红，那么第二年的企业的生产经营问题就会面临风险，也会带来企业抵抗风险能力较差等多种原因；如果企业将全部所得利润都用于来年的再投资，势必会影响投资者的信任度，将风险传导至下一轮筹资活动中，从而产生筹资风险。总之，企业必须能够进行合理的利润分配，才能规避风险问题的发生。

6.2.1.2　以人员为载体的风险传导

人员是对外直接投资项目实施的主体，企业相关人员的专业能力和职业道德的不确定性会导致风险的传递，上到管理层，下到普通员工，风险的产生往往都会伴随着人员的活动而进行。从专业能力来看，管理人员需要具备在国家宏观经济形势、东道国的经济政治环境及政府政策、企业实际状况等条件下做出合理决策的能力，能够掌握对外直接投资项目运行的基本管理知识。如若管理层出现决策方面的失误，可能会导致企业出现战略方面的风险；如若财务人员缺乏对东道国财政税收等政策的了解，可能会导致发生财务方面的风险。职业道德方面，所有员工都需要严格遵守职业操守，严格保守国家机密和商业机密，不滥用职权等。如果对外直接投资人员不具备专业能力和职业道德修养，将形成以人员为载体的对外直接投资风险传导。

6.2.1.3　以物质为载体的风险传导

风险传导所依靠的载体是多样的，除了明显的以资金、人员为载体的风险传播，以物质为载体的风险传导也不容忽视。尤其是对外直接投资项目中的工程建设项目。工程建设项目中，除了对外直接投资主体建设企业外，还包括上游供应商供应材料，下游政府或公众用户对工程项目的监管与使用，形成了完整的供应链。如果供应商供应的材料等物质携带风险因素，势必会造成工程项目质量风险问题，最终形成以物质为载体的对外直接投资项目风险传导。

6.2.1.4　以信息传播为载体的风险传导

由于信息传递不及时、不准确、不完整导致的对外直接投资主体与东道国政府、企业与经营者、企业部门间等的信息不对称都会引起对外直接投资的风险传导。"一带一路"沿线部分国家信息化建设落后，信息平台匮乏，关键信息获取困难，并且由于时间和空间距离，在信息传递过程中，很容易发生信息延迟或信息错误，从而使我国企业由于不了解项目实际情况而做出错误的决策。

6.2.2　风险流与阈值

风险流是一种风险能量，蕴藏在风险源中。风险事件一旦爆发，潜藏在风险源中的风险能量就会爆发，产生风险流，并且依附于相应的风险载体传播开来，蔓延至企业跨国投资流程中的各个节点，最终影响或改变着整个企业对外直接投资项目的风险状态。企业对外直接投资风险传导的过程也就是企业对外直接投资风险流传递蔓延的过程。

风险阈值是指风险状态由量变到质变的临界值。当企业对外直接投资风险源中蕴含的风险能量达到这一临界值时，就会超出企业对外直接投资的承受能力和控制能力，从而迸发释放出来，依附风险载体，通过利益链、价值链、业务链，迅速地在企业内部扩散和蔓延，使一直潜藏在风险源中的风险能量由静态转化为动态，也就是产生了风险流。

一般来说，企业作为一个完整的经济系统，本身具有一定的自我适应与调节能力。当其在对外直接投资过程中存在的风险能量比较小，处于安全阈值范围内时，企业可通过自身的适应与调节在一定程度上阻碍风险达到阈值，风险流也就无法产生。当企业对外直接投资过程中的风险源经过不断积累，风险能量变大，超出了安全阈值或因投资环境的变化使安全阈值本身的水平下降时，各个风险源开始由静态转化为动态，并不断相互作用和影响，产生风险流，风险流依附于不同形式的风险载体开始传导。风险阈值越高，风险积累程度越高，一旦超出安全阈值，爆发风险引起的破坏性越大。

"一带一路"对外直接投资的风险超出安全阈值主要有两种情况：一是潜藏在风险源中的风险能量经过不断积累逐步强大，超出了我国企业可以承担的风险最大限度，也就是达到或超出了风险临界值；二是由于东道国宏观环境和企业微观环境的变化，我国企业自身可承担风险的限度下降，也就是危险防范能力下降，从而使风险流达到或超出临界值。

6.2.3 风险传导路径

"一带一路"对外直接投资的风险在对外直接投资企业、东道国投资环境、母国投资环境三类主体间传导，主要包括三种传导路径：母国与对外直接投资企业之间风险的传导、东道国与对外直接投资企业之间风险的传导和对外直接投资企业内部风险的传导。如图6-1所示。

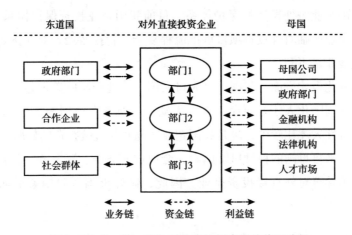

图6-1 "一带一路"对外直接投资风险传导路径

6.2.3.1 母国与对外直接投资企业间的风险传导

长期以来，关于我国企业海外投资的风险研究大多着眼点在东道国国家层面的风险问题上，很少关注母国因素对企业海外投资风险的影响。事实上，母国与对外直接投资企业的风险关联颇深。

母国公司为对外直接投资企业提供资金支持，有时还可能是对外直接投资项目的上游供应商，其与对外直接投资企业间存在业务链和资金链关系；我国政府部门作为对外直接投资项目的审批部门，有时还会为对外直接投资企业，特别是国有企业提供补贴资金，所以两者间存在资金链和利益链关系。

此外，母国金融市场稳定与否，也会影响企业对外直接投资的风险。利率和汇率作为金融市场的两个重要变量，会直接影响企业对外直接投资的成本。例如，在进行对外直接投资时，本国货币发生了汇率波动，大幅贬值，就会给企业带来巨大的投资成本风险；或者，频繁调整国内利率水平，也会导致企业对外直接投资的成本上升。这些风险会通过业务链和资金链从母国传导至对外直接投资的企业。

在法律法规方面，我国虽已建成境外投资管理制度相关的法律，但在"一带一路"倡议不断向前推进的大背景下，一些政策法律法规已不适应当下情况，政府在法律的修正和完善方面还不够成熟。发达国家基本都形成了一整套本国企业海外投资的保护体系，目前我国企业投资保护体系零碎化、单一化，企业面临对外投资项目审批流程复杂、管控较严，对我国企业海外投资的发展非常不利。

在国际化人才方面，我国虽是人口大国，正处于与欧美发达国家接轨的路上，但在国际化人才方面存在着巨大缺口。熟悉东道国相关法律、人文、地理等综合性人才比较少，也是我国企业实施对外直接投资的软肋。

总之，来自母国的种种风险因素，会通过业务链、资金链、利益链等链接关系，传导至对外直接投资企业。因此，做好母国风险因素的防范尤为重要。

6.2.3.2 东道国与对外直接投资企业间的风险传导

东道国与对外直接投资企业间的风险传导更为显著。我国企业在"一带一路"沿线各国的直接投资多以大型基础设施工程项目为主，这些项目需要东道国政府的支持和协调才能落地，因此，东道国政府部门与对外直接投资企业之间因业务相关性和共同利益而存在业务链和利益链关系；对外直接投资企业出于成本考虑，会在东道国当地寻找合作伙伴，例如原材料供应商，这些合作企业与对外直接投资企业之间多存在业务链和资金链关系；东道国当地的社会群体是对外直接投资企业的直接用户，两者之间存在利益链关系。当东道国政府因财政状况较差引发经济动荡，继而发生政治动荡和军事冲突时，这种国家风险会因为业务链和利益链关系传导至对外直接投资企业；当东道国合作企业发生破产倒闭等经营性风险时，这种风险会通过业务链和资金链关系传导至对外直接投资企业；东道国当地民众认为我国企业在当地投资建设的项目，对他们而言是威胁，是新殖民主义时，那么这种反华风险也会通过利益链关系直接传导给对外直接投资企业。

6.2.3.3 对外直接投资企业内部风险传导

风险的传播不仅来自母国和东道国的外部环境，也来自对外直接投资企业的内部。企业内部各个部门存在业务流程和资金使用上的相关性，会通过业务链和资金链，以及人员等载体进行风险传播。具体来说有以下两方面。

（1）部门间直接的风险传导。企业各部门之间的紧密联系可以提高企业的运营效率，对抗风险。但是各部门之间也存在各自的利益。因部门利益而导致的信息不畅，联系松散，会使一个部门的风险传导至另一个部门。例如因为货源、信息等条件的变化，采购部门会面临无货可采或者货不能按时到的采购风险。但并没有将可能的风险信息告知生产部门，那么这种风险就会通过业务流程传导至生产部门，导致生产部门面临产出风险。这部分风险的传播路径为：部门1风险→部门2风险。

（2）部门间间接的风险传导。部门间除了直接联系，也有间接联系。一个部门的风险经由一定的媒介传导至另一个部门。例如财务部虽然与采购部没有直接关系，但是效益不佳的对外投资会影响企业的资金周转问题，那么因财务部而引发的资金短缺风险就会传导至采购部门，使采购部门也面临资金风险。其传导路径可以表述为：部门1风险→部门2风险→部门3风险。

总之，对外直接投资企业、东道国、母国三个主体间的业务链、资金链和利益链关系构成了对外直接投资风险传导的路径。

6.2.4 风险传导过程

企业在对外直接投资时，由于外部和内部环境中的不确定性因素，导致利益关系网络中的某个风险源释放了一定的风险，风险流通过一定载体，在一条或者多条路径上传导至利益关系网中的多个节点甚至整个关系网络，使企业及项目在经营活动中遭受损失，即形成了对外直接投资的动态风险传导。如图 6-2 所示。

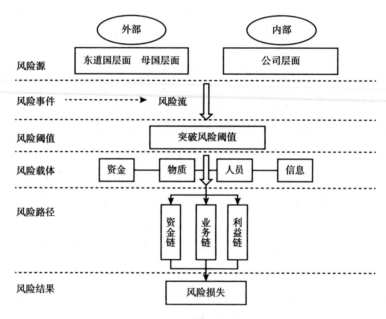

图 6-2 "一带一路"对外直接投资风险传导过程

具体到"一带一路"背景下，中国企业对外直接投资的风险传导与传统风险传导相比，具有突发性、随机性和不可逆性等特点。

突发性主要体现为风险事件迸发之前风险能量逐渐积累的过程，由于中国企业的总部可能与其海外投资的国家相隔甚远，或者由于文化差异等原因导致中国企业的管理层对海外投资的企业或项目了解不充分，中国企业的管理层很难发现海外企业或项目的内部系统或宏观环境发生的细小变化，一旦这些细小的风险因子积累到一定程度，会触发隐藏已久的风险事件，在整个关系网络中传导,突发性地对企业造成巨大损失。

随机性体现为不能对风险源进行准确的预测或控制。"一带一路"沿线的国家大多为政治、经济不稳定的发展中国家,在对这些国家进行投资时,任何一个随机事件都可能引发风险,从而导致海外投资项目受损。

不可逆性特指财务风险。财务风险一旦开始在海外投资的企业或项目的财务系统内传导,就会改变整个海外财务系统的外部和内部的情况,这种变化是无法通过任何方法来复原的,并且由于社会、经济、声誉等原因,会导致企业在相当长的一段时间内无法再在该海外市场重新投资。

6.2.5 风险传导效应

(1) 多米诺骨牌效应。20世纪30年代,美国工业安全理论专家海因里希 (Heinrich. W. H.) 研究了美国许多工业事故后,发现风险传导类似多米诺骨牌墙的特征,即风险事件导致某业务环节或部门产生风险,并将引起与之相关的其他部门或环节的风险,以致出现连锁反应,导致一连串的损失。而要预防风险的发生,只要排除掉中间部分环节,事故就会像抽掉了中间一块骨牌的多米诺骨牌墙那样终止倒塌,从而预防风险的发生。因此,消除传导路径上的风险因素或者中断传导路径上的一个风险节点是控制风险的关键。典型案例是由中国某建筑公司承揽的加勒比海区域某岛国的度假村项目。该项目在经历了6年的建设之后宣布破产。破产的主要原因是工程进度的一再拖延。甲方不断提出变更要求、拖延设计方案交付,中国的某建筑公司先期投入了近千万美元后未收到任何工程款。由于迟迟等不到现金流入,该项目最终宣告破产。如果中国的某建筑公司在甲方提出变更要求之初,就察觉到风险,据理力争维护自己的权益,消除风险因素,就不至于像多米诺骨牌一样出现连锁反应,导致自身损失惨重。

(2) 蝴蝶效应。20世纪60年代,美国气象学家洛伦兹在解释空气系统理论时提出了蝴蝶效应这个概念:亚马逊雨林一只蝴蝶翅膀的偶尔振动,也许两周后就会引起美国得克萨斯州的一场龙卷风。即初始条件十分微小的变化经过不断放大,对其未来状态会造成极其巨大的差别。对于进行对外直接投资的企业而言,其投资网络中某个节点的一个微小的行为都会对网络中的其他节点造成影响。2014 年, 东南亚某国的民航飞机发生了严重的坠机事故, 直接影响了在该国投资的中资企业, 便是蝴蝶效应的现实呈现。坠机事件发生后, 在该国投资的某中资地产的股价跌幅高达 21%, 同时在该国的新住宅项目的原定发售时间也被无限期延后。

(3) 耦合效应。耦合效应多出现于物理学中, 指两个以上的体系或运动形式通过相互作用而产生的影响。对于对外直接投资的企业而言, 是指其投资关系网络中的各个有直接或间接关联的节点在风险传导过程中相互影响, 从而导致最终传导的风险强度被改变。按照风险流在传导路径上的耦合程度可将其分为纯耦合效应、强耦合效应和弱耦合效应。

如果风险传导是 1 + 1 = 2 的效应, 则为纯耦合效应, 纯耦合效应不会在质的层面发生根本性变化, 也就是说风险的性质不会改变, 也不会产生别的类型的风险, 风险传导过程中不会发生太大的变化; 如果 1 + 1 > 2, 则为强耦合效应, 此时由于企业内外部风险因子相互作用, 风险达到了一定的阈值后, 最终会发生突变, 使风险不管是在性质上还是在强度上都会产生根本性的变化; 如果 1 + 1 < 2, 则为弱耦合效应, 由于风险因子之间具有相互反作用的影响关系, 风险的性质不会发生变化, 风险的强度较小, 给企业造成的损失也较小, 但风险并不会消失。因此, 企业仍要重视风险的防控措施。如果在风险未被完全增强前, 对风险因子进行监控, 提前预测其发展趋势, 并发出警示, 便可以到达减少风险损失的效果。

(4) 破窗效应。破窗效应表明, 任何系统, 不管多么严密, 只要存在第一扇无人管理的"破窗", 由于这种行为具有强烈的诱导性与示范效应, 就会引发其他人受到某种暗示性的纵容去打烂更多的窗户。如果能及时地修好第一扇被打烂的窗户, 那么更多的窗户将会幸免于难。在对外直接投资风险中, 如果对外直接投资企业发生不良事件后任其发展, 将会传递纵容的信息, 诱导更多不良事件的发生。

破窗效应表明, 企业在海外投资时, 不管遇到什么样的风险, 都要及时地纠正, 以避免由于破窗效应导致风险的进一步扩大, 从而给企业带来巨大损失。例如中国投资企业在"一带一路"沿线项目中最容易遭遇的问题就是不计成本地不断纵容业主提出的各种要求, 最终导致项目超出预期而破产。如果企业能够及时把握主动权来捍卫自己的权利, 不给业主可以肆无忌惮提出要求的心理暗示，就能有效地防止一个又一个危险漏洞的产生。

6.2.6 风险传导案例分析——某中资集团

6.2.6.1 项目简介

该项目位于东南亚某国，采用建设—经营—转让（build-operate-transfer，BOT）的方式开发建设，特许经营期 50 年后无偿移交该国。特许经营期间，90% 的电力输往中国，该国则通过股权分利、免费电量和税收等方式获利。

2009 年，中国与该国政府签署了合作开发水电资源的框架协议，计划修建七级梯形水电站，装机总容量 2000 万千瓦，建设工期 15 年，年均发电量约 1000 亿千瓦时。作为计划中最大项目的 A 水电站则由某中资集团负责修建。项目自开工以来，该中资集团投入了巨大精力和财力，聘请数百名水电、地质、安全、环保、移民等方面的专家学者和权威机构，完成了项目勘测设计及水土保持、陆生生态、水生生态、社会影响、防震抗震等 20 多项专题研究，并通过了该国电力部组织的专家咨询和审查。但是该国政府突然于 2011 年毫无征兆地宣布无限期搁置 A 水电站项目。在项目暂停 2 年后，中方彻底退出该项目。

6.2.6.2 项目风险源分析

从东道国层面来看：文化差异风险。A 水电站的名称就是选址地的名称，该名称在当地语言中有"河流交汇之处"的意思，对于山川的敬仰体现了当地人"万物有灵"的古老信仰。在当地文化中，该选址地的名称具有重要的意义，并且在原住民心中地位崇高。因此，对于 A 水电站的选址，当地居民存有异议。环境风险。由于当地特殊的地理位置，反对者认为大坝会破坏该流域生物生存环境，一旦水库蓄水会淹没上游大片森林和良田，同时影响下游水域生态环境。而且大坝的选址位于地质断层，地震时会有垮坝的危险。政权更迭风险。2009 年中方与该国确定水电站项目时，该国还是处于军阀执政的状态。2010 年 11 月，该国举行了 20 多年来的首次大选。大选过后，该国实现了由军政府向民选政府的转型。2011 年 8 月，新政权为了树立民主形象，选择牺牲这个备受关注的水电站项目。

从企业层面来看：风险评估不足。该中资集团对可能存在的潜在风险评估不足，忽视了当地社会文化和政策变动等风险。其海外投资风险评估机制尚待提升。内部控制有限。该中资集团内部控制及风险防范管理意识有待增强。对投资和经营的监督力度不足，缺乏倾听来自民间组织和政府内部各方势力的多种声音。

6.2.6.3　项目风险传导路径和载体

以信息、物质和人员为载体，在东道国和中资集团之间传导。该中资集团在众多竞争对手中脱颖而出，开展建设具有重大战略意义的 A 水电站项目，但是在项目建设过程中，当地政权更迭、文化习俗差异以及反华风险、通过舆众民情，层层传递至中方企业，使得项目建设备受阻力。

以信息和人员为载体，在中资集团企业内部之间传导。企业内部负责投资的部门欠缺对东道国的投资环境、运作模式、水电站的建设环境及风险的全面评估；负责法务的部门没有对合同进行详细解读，最终导致项目的设计与当地民众的诉求出现重大偏差。负责项目监督的部门对各种情况和风险预测不足，监督力度不够。导致风险在企业内部各部门之间互相传导。

该水电站项目投资风险的传导机理，具体如图 6 - 3 所示。

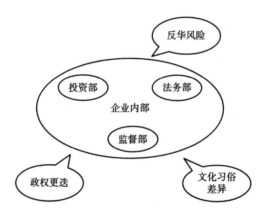

图 6 - 3　东南亚某国水电站项目风险传导

6.3 小结

本章从国际环境、政府层面和企业层面的多维角度分析了"一带一路"外直接投资的风险成因。在前面风险识别的基础上，梳理了风险传导的路径和过程：风险分别在东道国与企业之间、母国与企业之间、企业内部之间进行传导，讨论了风险传导的四种效应，并以某中资集团的水电站项目为例，深入分析了风险传导机理，以期对我国对外直接投资企业有所启示。

第7章

"一带一路"背景下对外直接投资风险综合评估

对外直接投资风险评估指标体系构建的科学与否，决定了风险评估的实际效果。"一带一路"建设的主要载体是中国企业，对外直接投资决策是企业充分衡量外部环境和内部抗风险能力的综合结果。本章立足于中国企业的视角，在前面风险识别的基础上，综合东道国宏观环境风险和企业微观经营风险，构建了"一带一路"对外直接投资风险评估体系，认为我国企业在"一带一路"沿线国家进行投资的风险较高，并尝试对单风险因素进行风险评级和解释。

7.1 风险评估理论与方法

风险评估又称风险估计、风险量化或风险分析，是系统风险管理的重要一环。联合国在 1994 年的"横滨行动战略和计划"（Yokohama strategy and plan of action）就已认识到"风险评估是采取充分和成功减灾政策和措施的必要步骤"，将"风险评估"作为制定减灾政策的一个首要原则。

风险评估的任务是在风险识别的基础上，对组织面临的风险水平加以衡量和确定，通常需要解决两个方面的具体问题：风险事件发生的可能性，或者说，风险事件发生的概率；风险损失后果的严重程度，以及如何进行度量。风险评估的主要步骤通常包括：（1）建模，就是根据风险识别的结果，构建出相应的数学模型；（2）获取相关信息并加以量化；（3）利用构建的模型与相应分析方法对量化后的数据进行处理和分析，必要时要求对模型进行修正；（4）风险评价，要求参照相关评判标准对总体风险大小做出判断，并确定其中的关键风险因子。

风险评估的方法很多，根据前面对风险识别方法的梳理，结合本书研究问题的特色，拟采用模糊层次分析法对"一带一路"对外直接投资的风险进行综合评估。模糊层次分析法（F-AHP）是集层次分析法和模糊综合评价法于一体的多准则评价法，它既继承了层次分析法与模糊综合评价法的优点，又克服了层次分析法在构建判断矩阵时，对人脑的模糊判断特点的忽视，同时也改善了模糊综合评价法在权重分配时的准确性，是一种较常用的风险评估方法。模糊层次分析法的具体步骤如下：（1）建立因素集和评价集；（2）建立判断矩阵，得到各层级风险指标的权重；（3）建立单因素评价矩阵；（4）得到模糊综合评价矩阵。

7.2 "一带一路"背景下对外直接投资风险评估指标的选取

7.2.1 选取原则

风险评估指标体系的构建是风险评估的基石，在选取各层级的风险指标时要尽可能多地考虑到各方面的因素，且指标要具有通用性，便于在不同的国家之间进行比较，适用于解决现实问题。具体来说，要遵循以下四个构建原则。

（1）科学性。选取的评价指标一定要具有科学性，这样才能保证评价结果的准确性，所以在构建评价指标体系时，一定要结合科学的理论指导，利用合理严谨的逻辑结构，抓住评价对象的本质，同时指标体系还要尽量客观，因为风险是一个主观概念，不能直接量化，需要结合定量地客观分析，尽可能准确地对风险做出评价。

（2）系统性。企业的海外投资是一项复杂的活动，涉及东道国宏观外部环境及企业自身内部的影响，不能用一个指标来描述所面临的风险，需要一系列的指标共同衡量风险，这些指标既互相联系又互相制约，形成一个完整的系统，全面地反映企业在"一带一路"沿线国家投资的风险。

（3）代表性。设置指标时要判断该指标是否具有代表性，不具备代表性的不重要指标如果被过多地加入评价体系中，会导致指标构建的无效。在测度过程中，很可能在该指标变动较大幅度的情况下，整体依旧没有明显变化。因此，要选取典型的指标，才能构建出敏感度足够高的指标体系。

（4）可行性。评估模型的构建来自理论分析，评估指标的选取不但需要满足理论上的严谨性和必要性。而且需要考虑数据获取的现实可行性。因为评估过程往往会受到环境、人员、方法、软件、成本等多方面因素的影响，所以在设计指标时，应该充分考虑到设置的指标是否具有可实践性和可控性。唯有如此，构建的评估模型才会同时兼顾理论价值和实践价值，对中国企业对外直接投资风险的防控具有现实指导意义。

7.2.2　指标释义

由于"一带一路"建设的主要载体是中国企业，所以本书主要风险指标的选取均立足于中国企业的视角，根据前面对"一带一路"对外直接投资风险识别的理论分析，借鉴相关研究成果，并在咨询专家意见的基础上，本书最终构建了一个由 1 个目标层、2 个一级指标，7 个二级指标、30 个具体指标（三级指标）构成的"一带一路"对外直接投资风险评估指标体系。2 个一级指标是东道国宏观环境风险和企业微观经营风险。7 个二级指标分别为自然灾害风险、政治政策风险、经济金融风险、社会文化风险、对华关系风险、公司治理风险以及战略决策风险。

7.2.2.1　自然灾害风险

自然灾害风险二级指标由 2 个三级指标构成：滑坡泥石流风险和海浪海啸危险。

（1）滑坡泥石流风险，是陆地最容易发生的灾害之一，会给当地造成巨大的财产损失和环境破坏，非常不利于贸易投资等经济活动。本书的指标数据均来源于美国地质调查局（USGS）地质灾害数据库。

（2）海浪海啸危险，指目标区域大浪海啸天气发生频率及强度对海域航行船舶及陆地的威胁程度。大浪天气可能使船舶搁浅、倾覆，损坏船舶配件；海啸是海底地震，可以将沿海地带吞没。大浪天气发生频率越高，强度越大，海上贸易运输遭受大浪天气袭击时受到的损失也越大；海啸的威力更是无可比拟，可以将陆地瞬间吞没，经济损失难以估量。本书相关指数数据来源于欧洲中期天气预报中心提供的全球大气再分析产品（ERA）中的海洋资料。

7.2.2.2 政治政策风险

政治政策风险二级指标由6个三级指标构成：政治稳定性、政策连续性、法律完善度、政府腐败、军事干预、外部冲突。具体指标含义如下。

（1）政治稳定性，是指东道国政府执行自己所宣布的政策的能力以及保障政府政权和威信的能力。本书直接采用美国PRS集团《国际国家风险指南》中的"Government Stability"指标作为政府稳定性的指标，分数越高，表示东道国政府越稳定，外商投资风险越低。

（2）政策连续性，是指一国与海外投资、市场经济相关政策的连续性。由于"一带一路"建设是一个中长期的投资项目，投资目标国政策连续性越低，项目的中长期保障越弱，在投资过程中，很可能由于目标国的政策改变而导致项目脱离预期轨道，致使项目搁置或超出预算等不良后果，出现不可避免的损失。因为该指标并不能直接获得，所以本书采取经济人智库国家风险模型（country risk model）对"一带一路"沿线部分国家的选举周期指数、换届平稳指数进行演算，演算数值越大，选举周期影响越大，换届越不平稳，安全性越低。

（3）法律完善度，具体分为两个方面，即法律健全度和法律执行力度。东道国的法律制度不健全，会给我国企业对外直接投资带来很大的法律阻力。本书采用世界银行每年发布的全球治理指数中的法治指数（rule of law）作为评价一国法律完善度的指标，该数值在 -2.5~2.5 变化，数值越大，国家法治水平越高。

（4）政府腐败，是指对掌握公共权力的政府部门或个人进行监管与问责，不仅包括对政府官员腐败行为的查处与惩治，还包括减少政府官员对企业投资经营活动中的人为干扰,以建立廉洁的司法制度,降低政治风险。本书采用非政府组织"透明国际"(transparency international)构建的全球腐败感知指数(corruption perceptions index)作为政府腐败指标,该指标以企业家、风险分析家、一般民众为调查对象,据他们的经验和感觉对各国进行0~10的评分,得分越高,表示腐败程度越低。

(5)军事干预,是指东道国的军事力量对国家政治活动的介入度和干预度。本书直接采用美国 PRS 集团《国际国家风险指南》中的"military in politics"指标作为军事干预政治指标,分数越高,表示东道国军事干预政治程度越轻,外商投资风险越低。

(6)外部冲突,主要指来自国外的因素对东道国政府带来的风险,国外的行为包括:非暴力的外交压力、中止援助、贸易限制、领土纠纷、制裁等,暴力的跨境冲突、甚至全面战争。本书直接采用美国 PRS 集团《国际国家风险指南》中的"external conflict"指标作为外部冲突指标,分数越高,表示东道国外部冲突越小,外商投资风险越低。

7.2.2.3 经济金融风险

经济金融风险二级指标由6个三级指标构成:经济增长、经济波动、汇率稳定性、通货膨胀率、贸易自由度、投资便利化。具体指标含义如下。

(1)经济增长,是指一国的经济发展情况。经济增长越快,表示东道国宏观经济状况越好,投资风险就越小。本书用年度 GDP 增长率来衡量东道国的经济增长,具体数据来自世界银行每年发布的全球发展指数报告中的GDP 增速(GDP growth rate)。

(2)经济波动,主要用来衡量一国经济的稳定性,经济波动与对外直接投资负相关,经济波动越大,投资风险也就越大。本书用 GDP 增速的波动性(5 年波动系数)作为经济波动的指标,具体数据由世界银行世界发展指标数据库年度 GDP 增长率计算而来。

(3)汇率稳定性,是指货币对外价值的上下波动,包括货币贬值和货币升值,货币贬值指一国货币对外价值的下降,货币升值是指一国对外价值的上升,汇率的波动会对资本流动产生影响。在理想状态下,汇率波动具有两面性:一国货币对外贬值,能够促使外国资本流入,有利于增加出口,发展出口工业和进口替代工业，促进国民经济发展，国内就业机会增加；货币对外升值，能够提升一国在海外的资产购买力，增强企业跨国经营并购的实力，加快该国货币的国际化进程。实际上，汇率波动在一定范围内能够刺激国家经济，但波动范围过大，则失去了调节经济和贸易战的功能，因此，本书认为，一国汇率波动越大，国家经济稳定性越差，可能面临的金融危机越大，安全风险越高。本书采用国际货币基金组织发布的 IFS 数据库中的汇率波动指数（exchange rate index）作为汇率稳定性指数。指数为正，代表汇率上升；反之，指数为负，代表汇率下降。

（4）通货膨胀率，是指货币超发部分与实际需要的货币量之比，经济学上体现为物价平均水平的上升幅度或者货币购买力的下降程度。通货膨胀率越高，物价上升比例越高，居民实际收入水平下降，国民货币购买力越低，国家遭受金融财政危机的可能性越高，在该国投资的安全风险越高。本书采用国际货币基金组织发布的 IFS 数据库中的通货膨胀率（inflation rate）作为评估指标。数据正值代表通货膨胀，负值代表通货紧缩。

（5）贸易自由度，是指包含贸易、投资和股息的经常账户交易的货币可兑换性。贸易自由度越高，反映国家宏观经济状况越好，国家经济发展稳定度越高，投资安全性越高。本书采用机构数据库每年发布的 IPD 指数对"一带一路"沿线国家的贸易自由度进行评价，评价指数介于 0~4，0 值代表最低贸易自由度程度，4 代表最高贸易自由度程度。

（6）投资便利化，表示东道国吸引外商投资企业在本国开办企业的各种便利化措施。投资便利化与对外直接投资具有正相关关系。本书直接采用美国 PRS 集团的《国际国家风险指南》"investment profile"作为投资便利化指标。指标分数越高，表示东道国的投资便利化水平越好，外商投资风险越低。

7.2.2.4 社会文化风险

社会文化风险二级指标由 6 个三级指标构成：宗教差异、文化距离、贫富差距、产权保护、教育水平以及恐怖主义。具体指标含义如下。

（1）宗教差异，是指母国与各投资目标国在主体宗教意识形态上的差异。"一带一路"沿线各国主体宗教各不相同，主要有伊斯兰教、印度教、佛教、基督教等，不同宗教之间的宗教禁忌与宗教节日各不相同。中国的宗教信仰人数以佛教和道教居多。我国与东道国的宗教差异越大，就越容易与当地人员发生摩擦，项目管理越困难，投资风险越高。本书主要采取世界宗教研究权威资料《国际传教研究公报》中的相关指标来衡量。

（2）文化距离，是指东道国与母国由于不同的文化背景导致人们在消费偏好、消费价值观等方面的差异，从而对企业对外直接投资活动产生不确定性的影响。本书根据霍夫斯泰德及其团队提出建立的四维文化模型及数据综合计算得出文化距离的指标数值，指标分值越高，表示东道国与我国之间的文化差异越大，我国企业对外投资风险越大。

（3）贫富差距，主要用来衡量东道国社会财富分配的均衡性情况，过大的贫富差距也是引发社会风险的因素。本书采用世界银行世界发展指标数据库（WDI）中的基尼系数来反映东道国的贫富差距情况，分值越高，表示东道国贫富差距越大，外商直接投资风险就越大。

（4）产权保护，是指东道国政府对私有产权的保护程度。本书直接采用《华尔街日报》和美国传统基金会发布的年度经济自由度指数报告（IEF）中的"property rights"作为产权保护指标。产权保护对投资企业来说是非常重要的因素，分值越高，外商投资风险就越小，就越有利于东道国吸引外商直接投资。

（5）教育水平，是指投资目标国家综合的教育状况，包括教育资金投入、教育发展现状等。社会教育水平越高，意味着人力资源素质较高，精英阶层占总人口比重越高，社会稳定度相对越高，社会环境优越，投资风险越低。本书主要采用来自世界银行的全球发展指数报告中的政府教育经费支出占 GDP 比值（government expenditure on education of GDP）来作为教育水平的评估指标。

（6）恐怖主义，是对全球各地恐怖主义的主要趋势和模式的评估。全球恐怖指数越高，反映当地恐怖主义活动越活跃，恐怖袭击模式越残暴，在该国或该地区投资的风险越高。本书指标数据来源于经济与和平研究所每年发布的《全球恐怖主义指数报告》，该报告对 162 个国家的恐怖主义进行评估，数值在 0 ~ 10 变化，数值越大，反映该地区恐怖主义活动越猖獗。

7.2.2.5 对华关系风险

对华关系风险二级指标由 5 个三级指标构成：伙伴关系、孔子学院/课堂数量、双边贸易、投资关系以及免签情况。

（1）伙伴关系，是指国家间为寻求共同利益而建立的一种合作关系。是官方综合两国政治、经济、贸易合作亲密程度给出的定义。伙伴关系越紧密，两国合作越密切，中资企业来自东道国政府的限制行为就越少，可以争取到的优惠待遇就越多，投资风险就会降低。本书根据外交部网站《中华人民共和国与各国建立外交关系日期简表》计算中国与东道国建交时间。一般情况下，建交时间越长，表示双方的伙伴关系相对越好。

（2）孔子学院/课堂，是指中国国家汉语国际推广领导小组办公室在世界各地设立的推广汉语和传播中国文化的机构，属于中外合作建立的非营利性教育机构。孔子学院/课堂的设立，能够加强中国与世界各国教育文化的交流合作，发展中国与外国的友好关系，促进世界多元文化发展。东道国孔子学院/课堂数量的多少，在一定程度上可以反映出该国对我国文化感兴趣及了解的程度，孔子学院/课堂的数量越多，东道国与我国文化交流合作的程度就越高，对华关系就越好，我国企业对外直接投资的风险就越低。

（3）双边贸易，贸易合作是当前时代背景下两国合作的主要方式，双边贸易量能够反映东道国与我国贸易合作的密切程度。通常，与我国贸易程度越密切，两国之间贸易互补性越高，国家之间相通性越好、依存度越高，两国关系发生波动的可能性较小，我国企业的对外直接投资风险就越低。指标数据主要来源于联合国商品贸易统计数据库（UNCTSD）。

（4）投资关系，主要是指中国与东道国是否签订双边投资协定（BIT）。签订双边投资协定对于保障和促进双边投资有积极作用。本书以中国与东道国签订 BIT 的年限作为双方投资关系的代理变量，数据来自商务部《我国对外签订双边投资协定一览表》。一般情况下，签订 BIT 的时间越长，就越有利于双边投资活动，我国企业的对外直接投资风险就越低。

（5）免签情况，反映了东道国对于中国的友好度和中国公民与东道国关联的便利程度。一般情况下，两国互免签证的时间越长，可能的人文交流、贸易投资活动就会越多，中资企业的风险就会越低。本书采用中国与东道国签订互免签证的时间作为指标变量，具体数据是根据外交部中国领事服务网《中外互免签证协议一览表》公布的数据计算而来。

7.2.2.6　公司治理风险

公司治理风险范围相对广泛，包括企业的财务风险，技术外溢风险和人力资源风险。在前面的章节里面有详细指标说明，此处不再赘述。

7.2.2.7　战略决策风险

战略决策关系到企业全局和长远发展，是非程序化的，带有一定的风险性。对于在"一带一路"沿线国家进行对外直接投资的中资企业而言，经常要做的战略决策是如何选定投资目标国和投资行业。战略决策风险指标可细化为战略风险和决策风险。

7.3　"一带一路"背景下对外直接投资风险综合评估

7.3.1　基于层次分析法确定权重

我们把"一带一路"对外直接投资风险综合评估看作目标层 A，东道国宏观环境风险和中国企业微观经营风险看作准则层 B，分别用 B_1 和 B_2 来表示。自然灾害风险、政治政策风险、经济金融风险、社会文化风险、对华关系风险、战略决策风险、公司治理风险，看作次准则层 C，分别用 $C_i(i=1,2,\cdots,7)$ 来表示。针对这 7 个因素，对应的衡量指标为：滑坡泥石流风险、海浪海啸危险、政治稳定性、政策连续性、法律完善度、政府腐败、军事干预、外部冲突、经济增长、经济波动、汇率稳定性、通货膨胀率、贸易自由度、投资便利化、宗教差异、文化距离、贫富差距、产权保护、教育水平、恐怖主义、伙伴关系、孔子学院/课堂数量、双边贸易、投资关系、免签情况、战略风险、决策风险、财务风险以及技术外溢风险和人力资源风险。我们把这些指标看作具体方案层 D，分别用 $D_i(i=1,2,\cdots,30)$ 来表示。如图 7 - 1 所示。

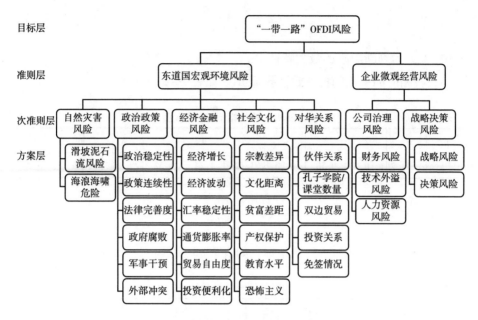

图 7－1 "一带一路"对外直接投资风险评估指标

考虑到数据的可得性，在此前已开展的研究工作基础上，根据专家评定和问卷调查，采用 1~9 位标度法（见表 7－1），构造判断矩阵。

表 7－1　　　　　　　　　　　标度的含义

标度	含义
1	两个因素相比，具有相同重要性
3	两个因素相比，前者比后者稍重要
5	两个因素相比，前者比后者明显重要
7	两个因素相比，前者比后者强烈重要
9	两个因素相比，前者比后者极端重要
2、4、6、8	表示相邻判断的中间值
倒数	若因素 i 与因素 j 的重要性之比为 a_{ij}，则因素 j 与因素 i 的重要性之比为 $a_{ji} = \dfrac{1}{a_{ij}}$

在建立判断矩阵的过程中，涉及人的主观判断，因而会出现判断不一致的情况。为保证评价分析的有效性，必须进行一致性检验。计算一致性指标为：

$$CI = \frac{\lambda_{max} - n}{n - 1} \qquad (7-1)$$

其中，λ_{max} 为判断矩阵的最大特征根。

查找相应的平均随机一致性指标 RI。如表 7-2 所示。

表 7-2 平均随机一致性指标 RI 的数值

n	1	2	3	4	5	6	7	8	9	···
RI	0	0	0.58	0.90	1.12	1.24	1.32	1.41	1.45	···

根据公式 $$CR = \frac{CI}{RI} \qquad (7-2)$$

我们可以得到相对一致性指标，如表 7-3 所示。

表 7-3 判断矩阵一致性检验

矩阵	B1	B2	C1	C2	C3	C4	C5	C6	C7
CR	0.0430	0.0060	0.0458	0.0332	0.0558	0.0469	0.0521	0.0654	0.0689

可以发现，CR 值均小于 0.100，通过一致性检验，也就是判断矩阵的一致性可以接受，权重向量 W 可以接受。

下面计算各要素的相对重要度时，需先求出判断矩阵的特征向量 E，各分量可由下式求出：

$$E_i = \left(\prod_{j=1}^{n} b_{ij} \right)^{\frac{1}{n}} \quad i = 1, 2, \cdots, n \qquad (7-3)$$

对特征向量 $E = (E_1, E_2, \cdots, E_n)^T$ 进行归一化处理，即：

$$E_A = \sum_{i=1}^{n} E_i \qquad (7-4)$$

最终根据公式 $$W_i = \frac{E_i}{E_A} \qquad (7-5)$$

其中，W_i 为 A_i 的相对重要度（即权重），可得到判断矩阵的权重向量，如表 7-4 所示。

表 7 - 4   判断矩阵权重向量

W_A	$[0.73\quad 0.28]$
W_{B1}	$[0.3560\quad 0.2263\quad 0.1180\quad 0.0534\quad 0.2463]$
W_{B2}	$[0.45\quad 0.55]$
W_{C1}	$[0.65\quad 0.35]$
W_{C2}	$[0.1328\quad 0.2960\quad 0.2510\quad 0.2303\quad 0.0800\quad 0.099]$
W_{C3}	$[0.1885\quad 0.3326\quad 0.2764\quad 0.0330\quad 0.0100\quad 0.1595]$
W_{C4}	$[0.3228\quad 0.0160\quad 0.2889\quad 0.1067\quad 0.0856\quad 0.1800]$
W_{C5}	$[0.0181\quad 0.3452\quad 0.2769\quad 0.0433\quad 0.3165]$
W_{C6}	$[0.5\quad 0.5]$
W_{C7}	$[0.3750\quad 0.4630\quad 0.1602]$

7.3.2 基于模糊综合评价法的风险评估

由于对外直接投资风险的大小往往是相对的概念，没有明显的界线，是典型的模糊集概念。因此，用模糊集理论来描述评价指标连续变化这一问题更合理。根据模糊数学理论，可以通过定量的方法将各维度的风险指标分成若干等级，再将各指标的实际数值与相应指标的分级表相结合，推算出其属于某一等级的隶属度。

首先，我们确定评价集 $E = \{e_1, e_2, \cdots, e_m\}$，参考 ICRG 的分级标准，分别对应为低风险、较低风险、中等风险、较高风险以及高风险（见表 7 - 5）。

表 7 - 5   "一带一路"对外直接投资风险评价等级量化

评价等级	高	较高	中	较低	低
区间范围	90 ~ 100	80 ~ 90	70 ~ 80	60 ~ 70	60 以下
区间中位数	95	85	75	65	30

其次，建立单因素评价矩阵。若因素集 F 中第 i 个元素对评价集 E 中第 1 个元素的隶属度为 r_{i1}，则对第 i 个元素单因素评价的结果用模糊集合表示为：$R_i = (r_{i1}, r_{i2}, \cdots, r_{in})$，以 m 个单因素评价集 $R_1, R_2, \cdots, R_m$ 为行组成矩阵 $R_{m \times n}$，也就是模糊综合评价矩阵。

根据已有研究数据和专家打分，可得到表 7 - 6 给出的因素集与评价集 F×E 上每个有序对 (F_i, E_j) 指定的隶属度，即单因素评价结果。

表7-6　　　　"一带一路"对外直接投资风险单因素评价结果

方案层具体评价指标	高	较高	中	较低	低
滑坡泥石流风险 D_1	1	1	5	2	1
海浪海啸危险 D_2	1	5	1	2	1
政治稳定性 D_3	6	2	1	0	1
政策连续性 D_4	2	3	2	2	1
法律完善度 D_5	2	3	4	0	1
政府腐败 D_6	4	3	1	1	1
军事干预 D_7	1	1	3	2	1
外部冲突 D_8	1	3	1	2	3
经济增长 D_9	3	4	1	2	0
经济波动 D_{10}	4	2	1	2	1
汇率稳定性 D_{11}	3	3	2	1	1
通货膨胀率 D_{12}	3	4	2	1	0
贸易自由度 D_{13}	2	2	1	3	2
投资便利化 D_{14}	3	3	2	1	1
宗教差异 D_{15}	3	4	2	1	0
文化距离 D_{16}	1	3	5	1	0
贫富差距 D_{17}	3	2	4	0	1
产权保护 D_{18}	2	1	1	3	3
教育水平 D_{19}	4	3	2	1	0
恐怖主义 D_{20}	1	3	2	2	2
伙伴关系 D_{21}	3	4	1	2	0
孔子学院 D_{22}	3	3	2	2	0
双边贸易 D_{23}	2	3	1	3	1
投资关系 D_{24}	2	1	2	3	2
免签情况 D_{25}	3	6	0	0	1
战略风险 D_{26}	3	5	1	1	0
决策风险 D_{27}	2	4	3	1	0
财务风险 D_{28}	2	4	4	0	0
技术外溢风险 D_{29}	2	3	2	2	1
人力资源风险 D_{30}	0	2	4	3	1

从而可得到次准则层的单因素评价矩阵：

$$R_{31} = \begin{bmatrix} 0.1 & 0.1 & 0.5 & 0.2 & 0.1 \\ 0.1 & 0.5 & 0.1 & 0.2 & 0.1 \end{bmatrix}, \cdots, R_{37} = \begin{bmatrix} 0.2, 0.4, 0.3, 0.1, 0 \\ 0.2, 0.4, 0.4, 0, 0 \\ 0.2, 0.3, 0.2, 0.2, 0.1 \end{bmatrix}$$

选取加权平均算子为模糊合成算子，将权向量 W 与对应的单因素评价矩阵 R 相乘，可以得到次准则层的模糊综合评价向量：

$$C_1 = W_{c1} \times R_{31} = \begin{bmatrix} 0.3856 & 0.2443 & 0.2130 & 0.0605 & 0.0920 \end{bmatrix}$$

$$\vdots$$

$$C_7 = W_{c7} \times R_{37} = \begin{bmatrix} 0.1620 & 0.3452 & 0.3838 & 0.0626 & 0.0259 \end{bmatrix}$$

以此类推，可以得到准则层和目标层的模糊综合评价向量，将模糊评价综合向量与评价等级 E 向量的转置相乘，得到风险指标体系各指标的最终得分，如表7-7所示。

表7-7   **"一带一路"对外直接投资风险的综合评估**

	风险种类	得分
	总风险 A	80.21
一级指标	东道国宏观环境风险 B_1	80.98
	企业微观经营风险 B_2	80.11
二级指标	自然灾害风险 C_1	61.80
	政治政策风险 C_2	82.52
	经济金融风险 C_3	81.13
	社会文化风险 C_4	76.35
	对华关系风险 C_5	75.06
	公司治理风险 C_6	75.28
	战略决策风险 C_7	80.38

7.3.3 评估结果分析

通过以上风险评估过程，可以得到"一带一路"对外直接投资风险的总得分为80.21，处于较高风险等级，说明"一带一路"区域是我国企业对外直接投资风险的高发地带。事实上，2013～2018年，总价值超过4190亿美元的"一带一路"项目遇到了各种风险困难，包括项目延误、公众反对、资金短缺和国家安全争议等。

具体来看，两个一级指标均处于较高风险等级区间内，指标数值差距不是很大，东道国宏观环境风险要比企业微观经营风险稍微高一些。说明"一带一路"沿线国家的政治环境和经济环境仍处于动荡时期，但是部分国家的投资环境在逐步改善。我国企业在"一带一路"沿线国家投资时，应特别注意考察东道国的宏观环境，如果没有对东道国充分调研，不熟悉也不了解东道国的政治政策、法律制度和社会文化，会容易造成投资风险。

在7个二级指标中，宏观风险中的政治政策、经济金融指标得分均较高，处于较高的风险等级；社会文化、对华关系指标处于中等风险等级；自然灾害风险处于较低风险等级。说明政治、经济风险是影响宏观环境风险的重要因素。"一带一路"沿线国家大多属于欠发达地区，很多国家甚至是战争多发地，政党混乱、政局不稳，政策缺乏连续性；法律制度不够完善，无法保护我国投资企业在当地的合法权益，遇到企业间的法律纠纷时，往往难以得到公正迅速的裁决；政府高官腐败层出不穷，商业贿赂蔚然成风。这些政治风险本身的性质就是影响范围大，影响程度深，难以预防和控制。因此，一旦发生政治风险，对直接投资企业的经济利益损害极大。经济金融风险仅次于政治风险，"一带一路"沿线国家的情况大多比较特殊，人均收入水平较低，整体经济发展实力偏弱。经济状况不稳定，汇率利率波动频繁，国内货币政策、财政政策制定不完善，通货膨胀率偏高。这些风险因素会极大阻碍我国投资企业的经济效益。"一带一路"沿线国家宗教种类繁杂，有自己特定的风俗习惯。如果在不了解当地文化习俗的情况下开展经营活动，很可能出现纠纷而破坏了友好往来的合作关系，进而造成民众甚至政府的敌对情绪，影响对华关系。虽然部分国家受到西方"中国威胁论"宣传的影响，对中资企业所投项目有一定的排华情绪，但总体而言，近七成"一带一路"沿线国家民众认可本国和中国双边关系的重要性。社会文化风险和对华关系风险也更容易通过采取合理适当的预防措施来减少风险的发生。

微观风险中的战略决策指标处于较高风险等级，公司治理指标处于中等风险等级。说明相比于企业内部治理，战略决策的风险更大。企业的战略决策风险直接影响企业的生死存亡。当企业进行投资时，决策的失误或者投资大方向的错误会对整个投资项目造成巨大的影响。可见，企业提升自身决策能力以及风险防范能力，制定更加完善的投资战略是接下来企业内部优化的重要内容。

7.4　小结

本章在基于风险识别的基础之上，采取层次分析法和模糊综合评价法相结合的模糊层次分析法（F-AHP），对"一带一路"对外直接投资的风险进行综合评估，认为"一带一路"区域是我国企业对外直接投资风险的高发地带。其中，东道国宏观环境风险要比企业微观经营风险稍高，且宏观风险中的政治政策、经济金融风险均处于较高风险等级，所以我国企业在对外直接投资前，需要密切关注东道国的政治局势和经济发展水平。同时，企业自身要提升决策能力，规避因战略决策失误而导致的风险。

第 8 章

"一带一路"背景下对外直接投资风险预警机制

鉴于中国企业在"一带一路"沿线国家的投资数量巨大，投资期限长，会面临一系列不确定因素，因而进行准确的风险预警，帮助企业规避和防范风险尤为重要。本章在基于东道国宏观环境数据、企业内部运营数据及相关资料的基础上，采用贝叶斯网络模型，构建"一带一路"对外直接投资风险预警系统，同时借助灯号模型，获取相应的预警信号。

8.1 风险预警的含义及原理

国内外专家学者对于风险预警的研究始于 19 世纪末，最初适用于战争军事领域，之后随着风险预警的作用被专家学者逐渐发现，以经济金融领域为代表的社会各行各业都提高了对风险预警的重视。直至今日，风险预警已经成为风险管理理论中的重要组成。总的来说，风险预警是指对潜在风险的提前预示，具体而言，是指在事先确定的风险阈值基础上，通过对风险形成的原因以及向外传播的路径、方式等特点追踪分析并比较，然后对风险在某一时间内的影响程度进行预示。理解"预警"这一概念关键在于弄清楚"预警"和"预测"两者的区别。从作用对象来分，预测是对还未发生的事件进行阐述，而预警则是对已经开始且正在发生的事件进行描述。根据所用方法不同来分，预测是以经济系统连续为假说，采用计量经济方法或者统计方法对相关历史数据进行分析来判断未来经济发展趋势，但因不确定性因素的存在，此预测数据并不能作为度量未来风险程度的依据。而预警则是在认同评价和预测条件下，运用先行指标和趋势预测结果来衡量未来风险程度，以便提前防范危险。人们可以对风险进行预警的前提是因为事件发生与影响后果产生之间总存在着一定的时间间隔。这一间隔的存在就使"预警"成为可能，它是基于以下四个原理发生作用的。

（1）有限传播原理，是指任意物质进程都是以有限速度传播的。风险事件的发生过程有可能是一个纯技术性的过程，也有可能是涉及人、社会组织和国家的一个复杂过程。但任何这样的过程都有其自身的生命发展周期，都是遵循萌芽阶段→发展阶段→恶化或者改善阶段→结束阶段这一规律。只有这样，才能对风险事件进行分析、监控进而预测。

（2）连锁反应原理，是指因一个物理进程的发生而引发其他物理进程的发生。在同一系统中，相关生产要素（人、技术、设备以及事件）之间都有着普遍的联系，某一部门或某一环节发生异常，可能影响其他部门或某一环节的正常运作，而处于不同系统中的相关生产要素也存在一定的联系，那么风险事件就有可能发生。因此，我们可以对相关性较强的生产要素进行监控和评估，进而及时揭示风险事件的发生。

（3）相似放大原理，是指任何物理进程都会经历一个不断增加强度的过程，当这一强度达到一定程度后，则会慢慢减弱直到完全消失。风险事件发生的最初阶段，因其比较隐蔽且破坏性较小，很难被人发现，但是随着时间推进，它的破坏性影响就愈加明显。如果在风险事件还未完全暴露或者其破坏影响尚未完全披露前，对事件相关要素进行日常监控，就能提前预测其发展趋势，并发出警示，可为相关风险管理部门赢取先机。

（4）Heinrich 法则和差错冰山原理。这一原理指出，若想减少风险事件发生的可能，则需对不安全事件和隐患进行消除，尽量在投入成本最小的条件下对系统缺失进行预先辨识和确认。由于在风险事件发生之前隐患就已经存在，这就会使系统运行发生一定的偏差，如果能及时发现这一偏差并及时发出警示，就有可能化险为夷或者减少相关损失。

8.2 风险预警的原则

（1）"路径依赖"原则。"路径依赖"原则是指企业作为一个市场主体，在其日常经营过程中，常常会像物理学中的"惯性"一样，习惯于之前的投资手段进行日常经营活动。而在风险预警领域，是指当企业无法发现新的收益更高或者安全性更好的投资路径时，往往会依赖于旧的投资路径，不会改变。所以在寻找企业海外投资中的风险源时，往往就要运用这种原则，对企业过去经常使用的投资路径进行风险预警研究，才能更有针对性地对企业投资风险进行全面深入的研究评价。

（2）"系统综合"原则。要求把整个风险预警机制视为一个系统。在系统内，哪怕一个子系统内的一个因素发生改变就会使各个子系统发生连锁反应。在构建企业风险预警机制时，必须要考虑到企业内部的某种风险可能会通过风险传导机制逐渐扩散，进而诱发企业出现更多风险的情况。所以要以系统整体目标的优化为准绳，协调系统中各分系统的相互关系，使整个系统完整、平衡。

（3）"内外兼顾"原则。企业的海外项目投资风险的发生不仅因为企业内部管理能力不足、组织机构设立不科学以及技术设备不合格，还有可能是东道国政治、经济等的大环境动荡不安所致。换而言之，企业在开展海外项目投资活动时，不仅要考虑到来自企业内部的风险源和在企业内部传播的风险传导机制，还要考虑到企业外部的风险源和风险传导机制。只有这样才能真正有效地做到对企业海外项目投资风险的防范。

（4）实操性原则。建立风险预警机制的目的是阻止和预防突发事件转化为危机事件，帮助企业避险或止损。因此，对外直接投资风险预警机制的设计应该是一个具体可操作的方案，而且风险预警效果应该具有较高的参考价值。

（5）动态性原则。预警动态性，是指预警模型对风险的动态预警与监控。对外直接投资的风险是复杂且易变的，因而必须保证预警模型能够实时动态监测并预警风险。

8.3 风险预警的方法

风险预警的方法很多,本书采取贝叶斯网络方法。贝叶斯网络又称信度网络,是在贝叶斯公式基础上扩展得到的不定性因果关联模型。贝叶斯网络能够用条件概率把各种相关的信息纳入同一个网络结构中,贴切地反映各种要素之间的因果关系和条件相关关系。因此,即使面对的是不完全、不精确或不确定的信息,也可以在已知网络中任意节点的状态时,用贝叶斯规则在网络中进行正向或逆向的推理,从而得出网络中其他节点的后验概率。

贝叶斯网络具备小样本、不完整和噪声数据的处理能力;与线性判别法、神经网络法相比,可以利用专家意见,不需要历史数据;与层次分析和模糊综合分析法相比,可以具备多变量快速处理能力;而且用图形化描述变量间的关系,可读性更强;网络结构灵活性强,添加或删除变量不会影响网络结构的其余部分。

(1)贝叶斯定理。贝叶斯网络最基本的数学基础是贝叶斯定理和贝叶斯公式。

贝叶斯定理:假设 R 和 T 为两个随机变量,$R = r$ 为某假设,$T = t$ 为证据,在考虑证据 $T = t$ 之前,对事件 $R = r$ 的概率估计 $P(R = r)$ 为先验概率,而在考虑证据之后,对事件 $R = r$ 的概率估计 $P(R = r \mid T = t)$ 为后验概率,贝叶斯定理描述了先验概率和后验概率之间的关系:$P(R = r \mid T = t) = P(R = r) \times P(T = t \mid R = r)/P(T = t)$。贝叶斯定理适用于离散事件的概率计算,而连续变量间的概率关系需要贝叶斯公式来定义。

贝叶斯公式:根据前述假设证据 $T = t$,假设 Y 为一个关注变量,则有 $P(Y \mid T = t) = P(Y) \times P(T = t \mid Y)/P(T = t)$,式中,$P(Y)$ 是 Y 的先验分布;$P(Y \mid T = t)$ 是 Y 的后验分布;$P(T = t \mid Y)$ 是 Y 的似然函数,$P(T = t \mid Y) = L(Y \mid T = t)$。而 $P(T = t) = \sum P(Y)P(Y)P(T = t \mid Y)$,$P(T = t)$ 不依赖 Y,故 $P(Y \mid T = t) \propto P(Y)L(Y \mid T = t)$,即后验分布正比与先验分布和似然函数的乘积。

(2)贝叶斯网络方法原理。贝叶斯网络是一种由表示随机变量的节点和表示变量间直接依赖关系的节点间边线组成的有向无圈图，是联合概率分布的一种图形化表达方式。贝叶斯网络结构中箭头指向的一端为子节点，其另一端为父节点，没有父节点的称为根节点。每个节点有一个概率分布，代表网络结构和参数。贝叶斯网络的数学表达式为：$BNs \leq G$，其中，G 表示有向无圈图，该图由节点和箭线两部分组成，节点间的箭线代表节点间的依赖关系，例如从节点 S1 到节点 S2 的箭线表示 S1 对 S2 有直接的因果影响；θ 为网络结构参数，$\theta = \{P(S_i \mid \pi_{xi}) \mid 1 \leq i \leq n\}$（$\pi_{xi}$ 表示节点 S_i 的父节点集）。

8.4　风险预警的流程

作为一个实时的、有规范、有计划、有阶段的程序性活动过程，"一带一路"对外直接投资风险预警体系的运行是一种循环往复的活动，并可以在整个实施过程中进行动态调整和反复，从而达到实时监控和管理风险的目的。如图 8 - 1 所示。

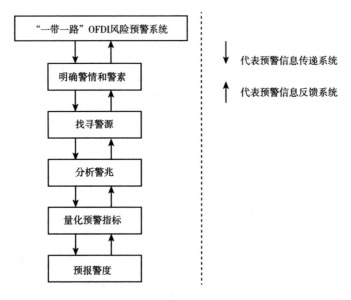

图 8 - 1　"一带一路"对外直接投资风险预警流程

具体来说，其流程有以下四个阶段。

（1）明确警情和警素。警情是风险程度，警素是形成警情的指标，也称为预警指标。根据研究对象的差异，通常把警情分为两种，一种是安全、基本安全和不安全；另一种是无警、轻警、中警、重警和巨警。

（2）找寻警源。警源是指引起警情发生的原因。根据警源生成机制的差异，通常将其划分为两种，一种是自然警源，例如自然灾害；另一种是社会警源，即非自然因素引发的风险因素。根据与组织关系的不同，又可以将社会警源划分为内生警源和外生警源。内生警源是指组织内部存在的隐患，例如企业管理制度不完善、员工素质低等；外生警源是指存在于组织外部的威胁，例如政府干预、合作搭档违约等。

（3）分析警兆。它是风险预警中很关键的一个环节，警兆即先导指标，通常不同的警素有着不同的警兆，在警情完全形成至危害产生这一过程中，警兆和警源之间可能存在着直接或间接的联系。确立警兆我们可以从警源着手，也可根据历史经验进行分析。

（4）预报警度。在明确警兆后，必须对警兆和警素两者的关系进行更深层次的分析，量化警素也就是预警指标，首先找出警限也就是阈值；其次凭借警兆对应的阈值对警素所对应的警情进行预报；最后对各警素所对应的警度进行综合评估而得到综合性警度，这样就可以在相应的范围内依据预先确立的报警规则而发出警报。

8.5 "一带一路"背景下对外直接投资风险预警系统的构建

风险预警系统主要是基于风险识别的基础上进行风险判断，动态监控风险因素的变化趋势，评判各种风险状态的强弱程度，并在此基础上向决策层发出预警信号。

8.5.1 预警指标的选取及量化

关于预警指标的建立一般以风险识别的结果为依据，根据前面的相关研究，我们明确各个层级的相应指标，把自然灾害风险、政治政策风险、经济金融风险、社会文化风险、对华关系风险、公司治理风险、战略决策风险作为一级预警指标；各一级指标对应的子指标作为二级预警指标，分别是滑坡泥石流风险、海浪海啸风险、政治稳定性、政策连续性、法律完善度、政府腐败、军事干预、外部冲突、经济增长、经济波动、汇率稳定性、通货膨胀率、贸易自由度、投资便利化、宗教差异、文化距离、贫富差距、产权保护、教育水平、恐怖主义、伙伴关系、孔子学院、双边贸易、投资关系、免签情况、战略风险、决策风险、财务风险、技术外溢风险以及人力资源风险。

在贝叶斯网络方法的对外直接投资风险预警系统中，二级指标作为网络结构中的父节点，一级指标作为子节点，在二级指标风险发生的情况下估计一级指标的风险概率情况。

本书通过专家问卷调研打分，对风险发生的可能性和风险破坏程度进行打分；通过公式：风险等级 = 风险发生可能性 × 风险破坏程度，确认风险等级矩阵。通过以上两种方式对风险指标进行量化，量化标准如表 8-1 和图 8-2 所示。

表 8-1　　　　　　　　　　　风险预警指标量化标准

评估项	1	2	3	4	5
风险发生可能性	非常高	高	中等	低	非常低
风险破坏程度	非常高	高	中等	低	非常低

5	M	M	H	H	H
4	M	M	M	H	H
3	L	M	M	M	H
2	L	L	M	M	M
1	L	L	L	M	M
	1	2	3	4	5

图 8-2　风险等级矩阵

注：H 代表高风险；M 代表中等风险；L 代表低风险。

8.5.2　构建贝叶斯网络结构

贝叶斯网络由节点和箭线两部分组成。本模型中贝叶斯网络节点主要包括三层：第一层也就是初始端网络节点，包括滑坡泥石流风险、政治稳定性以及经济增长等在内的 30 个风险的二级预警指标；第二层是次层节点，包括自然灾害风险、政治政策风险、经济金融风险、社会文化风险、对华关系风险、战略决策风险以及公司治理风险在内的7个一级预警指标；第三层为终端节点，也就是"一带一路"对外直接投资风险。贝叶斯网络结构中，每个节点有L、M、H三种数据状态，分别代表低风险、中等风险、高风险三种风险状态。箭线表示各个风险因素之间风险传递的关联关系。例如，军事干预程度会影响政策变动和政治稳定性；国内腐败程度会影响法律完善度和政策变动；汇率波动会影响融资风险和支付风险等。根据实际情况，灵活构建风险预警体系，采用以贝叶斯网络结构学习法为主、专家知识法为辅的方法，自动分析数据，建立风险之间的关联，同时结合专家意见进行调整，尝试有效预警风险。贝叶斯网络结构学习法是贝叶斯网络运行工具 GeNIe 自带的网络结构处理方法，将第二层节点对应的数据导入工具数据库中，将自动生成网络结构。自动生成的网络结构具有一定的偏差，结合专家知识调整后得到"一带一路"对外直接投资风险的贝叶斯网络拓扑结构，如图8－3所示。

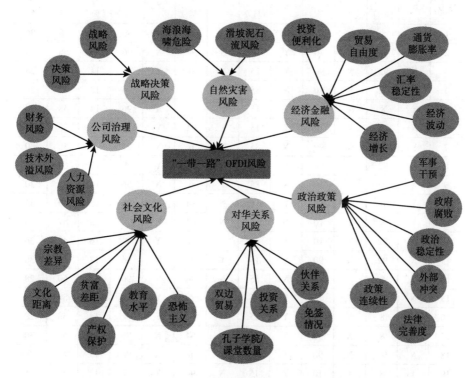

图8－3 "一带一路"对外直接投资风险的贝叶斯网络拓扑结构

8.5.3 网络节点设置和赋值

在确定了"一带一路"对外直接投资风险预警系统结构后，需要对各个节点进行设置和赋值。本书主要通过问卷调查统计与专家知识获得的先验概率与其他节点的条件概率表，得到所有变量的联合概率分布以及各个节点的先验概率分布。本系统实际运用中，企业可以随时根据自身的情况对先验概率进行修正。以对华关系风险这条支线为例，对华关系风险的节点状态为、高（H）、中等（M）和低（L）；该节点的初始节点风险状态为发生（Y）和不发生（N）。先验概率如表8-2所示。

表8-2 对华关系风险支线下的节点状态（S）和先验概率（P）分布

| 序号 | 双边贸易 | | 投资关系 | | 伙伴关系 | | 免签情况 | | 孔子学院/课堂数量 | | 对华关系风险 | | |
	S	P (%)	S	P (%)	S	P (%)	S	P (%)	S	P (%)	H (%)	M (%)	L (%)
1	Y	8	N	90	N	85	Y	6	Y	4	16	48	36
2	Y	8	Y	10	Y	15	N	94	N	96	16	56	28
3	N	92	N	90	Y	15	Y	6	Y	4	14	58	28
4	N	92	Y	10	N	85	Y	6	N	96	12	52	36
5	Y	8	N	90	Y	15	Y	6	N	96	14	58	28
6	N	92	Y	10	Y	15	N	94	Y	4	12	58	30
7	Y	8	N	90	N	85	Y	6	N	96	12	58	30
8	N	92	N	90	Y	15	N	94	Y	4	12	60	28
9	N	92	Y	10	N	85	Y	6	N	96	14	56	30
10	Y	8	Y	10	Y	15	N	94	N	96	15	49	36
11	Y	8	Y	10	N	85	Y	6	Y	4	15	57	28
12	N	92	Y	10	N	85	Y	6	Y	4	16	48	36
13	N	92	N	90	Y	15	Y	6	N	96	12	58	30
14	Y	8	N	90	N	85	N	94	N	96	12	60	28
15	N	92	Y	10	N	85	Y	6	Y	4	14	58	28
16	Y	8	Y	10	Y	15	N	94	Y	4	14	58	28
17	Y	8	N	90	Y	15	N	94	N	96	16	54	30
18	N	92	N	90	N	85	Y	6	N	96	15	49	36
19	Y	8	Y	10	Y	15	N	94	Y	4	12	52	36
20	Y	8	Y	10	Y	15	N	94	Y	4	12	58	30

按照同样的方法，为其他节点设置和赋值，这样就得到了完整的"一带一路"对外直接投资风险预警系统的先验概率，如图 8 - 4 所示。

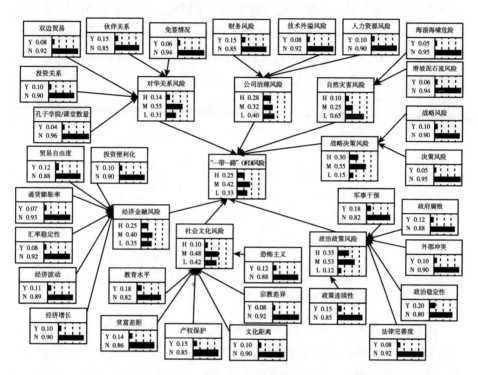

图 8 - 4 "一带一路"对外直接投资风险预警系统的先验概率

8.5.4 风险灯号模型设置

借鉴已有文献的研究，我们通过灯号模型来输出"一带一路"对外直接投资风险的预警信号。灯号模型是借助交通管制的红、黄、绿灯的概念来直观地显示对应节点的风险水平。例如，对于一个风险节点，风险状态为 H、M、L 的概率分别为 a_1、a_2、a_3，根据专家意见对每种状态的概率分别赋予 $\frac{1}{2}$、$\frac{3}{10}$、$\frac{1}{5}$ 的权重，则 $A = \frac{1}{2} \cdot a_1 + \frac{3}{10} \cdot a_2 + \frac{1}{5} \cdot a_3$。根据推理，得到 A 的取值范围为 [20，50]，然后在 20 ~ 50 中设置四个数字 28、30、33、40 作为阈值。根据 A 不同的取值范围，用不同颜色的信号灯来表示该节点的风险水平。当 $A \in (20,28)$ 时,该节点显示为蓝灯,表示该节点正常,风险极低,不用警报,不用采取任何措施;当 $A \in (28,30)$ 时,该节点显示为绿灯,表示该节点风险水平低,不用警报,也不用采取措施;当 $A \in (30,33)$ 时,该节点显示为黄灯,表示该节点风险水平中等,发出警报,需要采取适当措施;当 $A \in (33,40)$ 时,该节点显示为红灯,表示该节点风险水平高,发出重要警报,应该采取必要措施;当 $A \in (40,50)$ 时,该节点显示为黑灯,表示该节点存在非常高的风险,发出强烈警报,应该立即采取措施。如表 8 - 3 所示。

表 8 - 3　　　　　　"一带一路"对外直接投资风险等级设置

取值范围	灯号颜色	风险程度	是否警报	是否采取措施
20 ~ 28	蓝灯	非常低	否	否
28 ~ 30	绿灯	低	否	否
30 ~ 33	黄灯	中等	是	是
33 ~ 40	红灯	高	是,重要警报	是
40 ~ 50	黑灯	非常高	是,强烈警报	是

可以看出,在"一带一路"沿线国家进行投资,政治风险属于非常高的风险,政局动荡不安,是黑灯信号,需要发出强烈警报,企业要立即采取措施,撤回已有的投资;经济风险属于高风险,经济环境不稳定,是红灯信号,需要发出重要警报,企业要提前采取相应的措施将投资损失降至最低;社会文化风险和对华关系风险,都属于中等风险,说明"一带一路"沿线大部分国家跟中国的关系比较友好,认可中国企业在当地的投资,同时中国企业也愈发重视和尊重当地的宗教文化和社会习俗,尽量避免跟当地民众发生冲突,所以面临的风险不是很严重,只发出了黄灯信号,企业需要提前考虑一些措施来降低文化冲突,搞好周边关系;自然灾害风险属于绿灯信号,风险程度低,企业不需要采取任何措施(见表 8 - 4)。

表 8 - 4　　　　　"一带一路"对外直接投资一级预警指标风险概率　　　　　单位:%

风险类型	L 低	M 中风险	H 高风险	综合值
自然灾害风险	42.93	49.29	7.78	27.26
政治政策风险	13.39	29.29	57.32	40.12

风险类型	L 低	M 中风险	H 高风险	综合值
经济金融风险	18.78	30.39	50.83	38.28
社会文化风险	35.16	41.09	23.75	31.23
对华关系风险	49.22	21.97	28.81	30.84
战略决策风险	51.84	6.81	41.35	33.09
公司治理风险	27.79	48.92	23.29	31.88
"一带一路"对外直接投资风险	23.89	43.55	32.56	34.12

企业自身的战略决策风险属于高风险，是红灯信号，一旦战略方向错误，企业将面临万劫不复的境地，自身生存岌岌可危，所以需要高度重视；企业的公司治理风险属于中等风险，企业需要时刻注意自身实力的打造，避免因为内部风险导致对外直接投资失败。

8.6 "一带一路"背景下对外直接 投资风险预警系统的运行

在贝叶斯风险预警系统构建完成后，就可以运用该模型进行正向推理和逆向推理，对贝叶斯网络各节点的动态变化进行分析。所谓正向推理，就是从原因到结果的推理，根据观测到的风险因素的变化，修正贝叶斯网络中相应的关键风险诱因节点的值，就可以把信息传递到网络中的其他节点，然后依照观察各个节点的变化，分析变化的节点对其他节点的影响。逆向推理就是从结果到原因的推理，通过调整关键风险指标节点的赋值，然后根据其他节点的变化，分析各风险因素的状态。

8.6.1 正向推理

对"一带一路"对外直接投资风险预警系统贝叶斯网络进行正向推理，能够分析风险诱因对"一带一路"对外直接投资风险及其他相关风险指标的影响程度。借助"一带一路"对外直接投资风险预警贝叶斯网络，根据

"一带一路"投资活动中观测到的风险因素的变化，改变贝叶斯网络中相应的关键风险诱因节点的状态，就可以把信息传递到网络中的其他节点，然后根据各个节点的变化，分析变化的节点对其他节点的影响。例如，当东道国因货币超发而造成货币贬值时，通货膨胀的风险水平会增加，由之前的7%上升到15%，假如贸易自由度、投资便利化、汇率稳定、经济增长和经济波动的风险没有发生变化，则由通货膨胀风险引起高水平经济金融风险的概率会增加，进而影响"一带一路"对外直接投资的总风险，导致总风险升高的概率大幅增加。风险节点发生变化的前后如图8-5和图8-6所示。

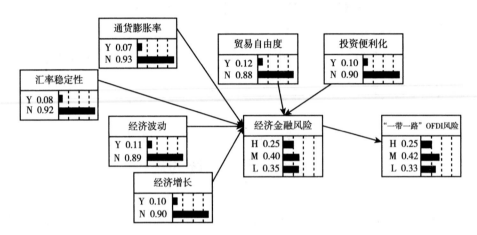

图8-5 通货膨胀风险发生前部分节点先验概率

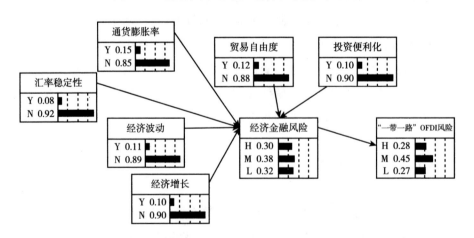

图8-6 通货膨胀风险发生后部分节点后验概率

8.6.2 逆向推理

运用"一带一路"对外直接投资风险预警系统贝叶斯网络进行逆向推理，以判断各种风险指标对风险诱因的影响程度。对于对外直接投资企业而言，关键风险指标节点是"一带一路"对外直接投资的"目标集"，掌握每个目标对应的最大风险诱因，帮助企业在现有条件状态下把握风险管理重心，从而把"一带一路"对外直接投资的风险降到最低水平，更有效地控制风险。从操作层面来说，逆向推理就是通过调整关键风险指标节点的状态，然后根据其他节点的变化，分析各风险影响因素的状态。例如，在"一带一路"对外直接投资风险发生时，由图 8-7 和图 8-8 对比可知，自然灾害风险、政治政策风险、经济金融风险、社会文化风险、对华关系风险、战略决策风险以及公司治理风险的概率由 27.26%、40.12%、38.28%、31.23%、30.84%、33.09%、31.88% 变化为 27.35%、42.33%、40.06%、32.05%、

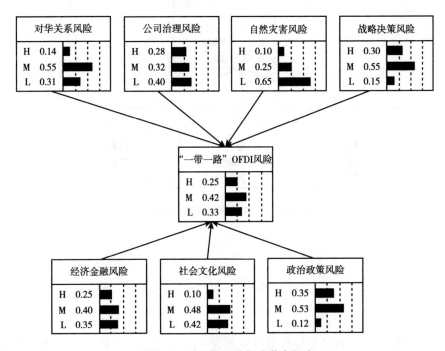

图 8-7　逆向推理前部分节点概率

33.19%、34.5%、32.89%。其中，自然灾害风险基本没有什么变化，可以忽略不计；政治风险原本就是高危风险，节点数值变动后，依然是黑灯信号；经济风险由红灯变为了黑灯，风险等级升为高危；对华关系风险由黄灯变为红灯，变为高风险等级；其他风险数值虽然发生了变动，但风险等级没有变化。说明我国企业在"一带一路"沿线国家进行投资时，要时刻保持政治敏锐度和经济敏感性，密切关注东道国政治动态和经济发展水平，同时我国政府要大力推进与"一带一路"沿线国家的伙伴关系，以规避投资风险。

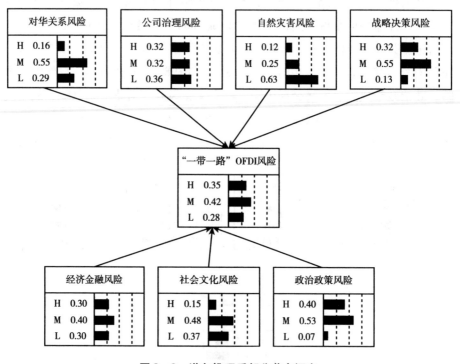

图8-8　逆向推理后部分节点概率

8.7　小结

"一带一路"对外直接投资风险预警一直是"一带一路"建设中的重点和难点，其原因在于"一带一路"沿线国家的环境错综复杂，很难用统一的方法去刻画勾勒"一带一路"对外直接投资面临的各种风险。本书将贝叶斯网络方法应用于"一带一路"对外直接投资风险预警系统,通过构建"一带一路"对外直接投资风险的拓扑结构,将各类风险诱因对"一带一路"对外直接投资的影响纳入具有因果关联的网络结构中,在对各级指标节点赋值的基础上,运用贝叶斯网络测算了各类指标对全面风险的影响程度,采用灯号模型输出风险预警信号,从而建立起"一带一路"对外直接投资风险的预警系统,以便对外直接投资企业能够及时采取相应措施规避和防范风险。

第 9 章

"一带一路"背景下对外直接投资风险防范对策建议

鉴于我国企业在"一带一路"沿线国家的对外直接投资面临着巨大风险，以及风险防范制度的不够完善，有必要借鉴西方发达国家对外投资风险防范的先进经验，结合我国对外直接投资风险防范的现状，分别从政府宏观层面和企业微观层面给出对外直接投资风险防范的对策建议。

9.1 对外直接投资风险防范制度的国际比较

9.1.1 美国海外投资保证制度

9.1.1.1 美国海外投资保证制度的建立

第二次世界大战后，美国在经济上一家独大，跨国资本输出量高居全球首位，其对于政治风险规避的需求高过其他任何发达工业国家。在这种情形下，海外投资保证制度在美国诞生了，该制度是指资本输出国为了保护本国国民在国外投资的安全，对本国海外投资者在本国国内实行的一种叫作事后弥补政治风险损失为目的的海外投资保证制度。美国最早于 1948 年开始实施"马歇尔计划"时，率先创立了这一制度，随后不断地完善发展。初期，美国当局仅对向欧洲地区进行投资的投资者进行风险承保，而且承保内容也仅限于政治风险中的"政治汇兑险"；1952 年设立共同安全署（MSA）之后，风险承保适用范围扩大到欧洲以外的少数发展中国家；1961 年，美国国会通过了新的《对外援助法》，同时设立国际开发署（AID）接管了原先 MSA 主管的海外投资保证业务，风险承保范围扩大到全部发展中国家和地区；1969 年，美国再次修订《对外援助法》，设立海外私人投资公司（OPIC），它是联邦行政部门中的一个独立机构，不隶属于任何行政部门，现已成为主管美国私人海外投资保证和保险的专门机构。

9.1.1.2　美国海外投资保证制度的主要内容

美国海外投资保证制度的保险范围以政治风险为主，同时还扩大到外汇险、征用险和战争险。这三种风险可同时订立担保，也可分别单独订立担保。目前美国的海外投资保险机构为直属美国国务院领导的海外私人投资公司（OPIC），该海外私人投资公司于 1971 年开始运作，宗旨是促进和帮助美国投资者在发展中国家进行商业投资，其业务范围包括向海外投资者提供融资项目、投资保险和其他服务。有资格向海外投资担保机构投保的合格投资者包括美国公民实质拥有的公司、合伙企业或其他联合体；美国公民、公司、合伙企业或其他联合体全部拥有的外国公司、合伙企业或者其他联合体。OPIC 承保的投资类型包括资金、货物、服务、专利以及技术等。

9.1.1.3　美国海外投资保证制度的特点

通过美国海外投资立法历史发展不难看出，美国投资保证制度是美国解决海外投资风险的主要方式和手段，其具有以下特点。

（1）政治色彩浓厚。国际投资牵涉资本输出国和资本输入国对于国际性投资的安全考量与利益平衡问题。一般的国际投资所要考虑的往往是投资所在国（东道国）的政治环境稳定性。其本质仍然是一个广泛意义上的市场选择。然而美国依托其战后强大的经济渗透力和外交影响力，使对外投资成为推动美国政治理念和价值输出的工具。基于此，在不同的阶段，美国国会所通过的海外投资鼓励法案都会带有明显的政治指向性和政策倾向性。

（2）国内法与国际协定之间关系密切。美国规定只有与美国缔结双边投资协定的国家才是符合美国海外投资保证保护的"合格东道国"，也就是说，美国的海外投资者只有在那些与美国互相缔结了双边或区域性投资保证协定的国家或地区进行投资，这种投资才能获得美国海外投资保证机构的承保。这使美国投资保证制度兼具了国内法与国际法的性质。

9.1.2 德国海外投资保证制度

9.1.2.1 德国海外投资保证制度的建立

德国是对外直接投资发展最快的国家之一，这与政府大力鼓励和促进海外投资的措施有关。为了进一步促进和保护海外投资，德国仿照美国的海外投资保证制度，于 1959 年正式建立了海外投资保证制度，由国有"黑姆斯信用保险公司"和"德国信托与监察公司"具体承担海外投资的保险。

9.1.2.2 德国海外投资保证制度的主要内容

德国的海外投资保险范围主要包括外汇险、征用险、战乱险、迟延支付险以及货币贬值险。承保海外投资风险的法定保险人为德国政府，但具体的保险业务经德国政府财政部部长同意，委托德国的黑姆斯信用保险公司和德国信托与监察公司执行。有资格投保的合格投资者必须具备两个条件：第一，在德国有住所的德国人；第二，在德国有住所，依德国法律设立的、具有或不具有法人资格的，其股东或成员具有有限责任或无限责任的营利或非营利性的商业公司、其他各种公司和社团。保险对象是德国投资者在海外值得促进的新投资，特别是那些能加强德国与发展中国家关系的投资。承保对象包括资本参加、支店投资以及贷款。

9.1.2.3 德国海外投资保证制度的特点

随着经济全球化的发展和国际竞争的加剧，德国政府一方面大力主张实行自由贸易，减少关税和贸易壁垒，鼓励德国企业参与国际竞争和合作，努力开拓新市场；另一方面努力改善和发展双边关系，不断调整和制定鼓励出口的政策。其海外投资保证制度的特点有：（1）在海外投资承保模式上，不同于美国的双边模式和日本的单边模式，而是同时采用双边保证制与单边保证制，即海外投资的合格对象可以是与其订立双边投资条约的国家，也可以是按照其国内法适用的国家。（2）在保险机构的设置上，德国采取的是审批机构和经营机构相分离的二元化模式，该模式有助于部门之间的监督、防止腐败现象的发生。

9.1.3 日本海外投资保证制度

9.1.3.1 日本海外投资保证制度的建立

日本海外投资保证制度始于 1956 年，是 1950 年以来日本所实行的输出信用保险制的扩大。根据日本 1956 年《输出保险法》的规定，海外投资保险制分为"海外投资原本保险"和"海外投资利润保险"两种制度。1970 年，日本政府将上述两种保险合并，实现了海外投资一元化。日本实现海外投资一元化前后，也就是从 20 世纪 60 年代后期开始，日本私人资本大举向海外扩张，其对外直接投资总额仅次于美国，居于世界第二位。

9.1.3.2 日本海外投资保证制度的主要内容

日本政府承保的风险限于以下三种政治风险：外汇险、征用险、战争险。但因为不可归责于投资者的事由所产生的由投资相对方破产或延迟履行等信用风险所产生的风险，也属于承保范围。保险人为日本政府机构，具体的保险业务由日本通产省办理。合格投资者限于向海外投资，具有日本国籍的自然人或在日本注册登记，并有住所的公司或社团。保险对象必须是有利于日本对外经济关系的新投资，并且必须经过东道国的同意。日本的海外投资保证制度沿袭了美国的保险制度，但又与美国的保险制度不同，具体表现为日本采取单边保证制度，即海外投资者投保，不以该资本输入国已与日本国签订双边投资保证协定为前提条件。

9.1.3.3 日本海外投资保险制度的特点

日本的海外投资飞速发展，一方面得益于稳固的经济基础和寻求扩大海外市场的经济需求，包括其作为国策来推行的所谓"太平洋经济圈设想"；另一方面则是日本政府对于海外投资开拓的积极鼓励、资助与保护。例如，日本进出口银行对于海外投资业务提供更加优惠的贷款利率，日本驻外机构对日本海外投资企业的关注与保护，对于开展海外业务的公司提供外汇优惠措施等。其海外投资保证制度的特点有：（1）在海外投资承保模式上，与美国的双边模式和德国的混合模式不同，采取的是单边保证制，即只要符合国内法的规定即为合格被保险人，不受日本同投资东道国缔结双边投资保证协定的影响。该模式的优点在于投资保险的范围较大，只要属于国内法规定的保护范围，一律给予保护，将未与本国签订双边投资条约的国家也包含在内。（2）在保险机构设置上，日本采用审批机构和经营机构合一的模式，采用一体化模式有助于政府的宏观调控和统一管理。

9.2 "一带一路"背景下对外直接 投资风险防范对策建议

我国企业在"一带一路"沿线投资活动的顺利进行与沿线国家自然条件、经济基础、法律法规等多方面因素息息相关，企业面临的风险将直接影响企业对外直接投资的成效。本书分别从政府层面和企业层面给出相应的风险防范对策建议。

9.2.1 政府层面

9.2.1.1 完善我国海外投资保险制度

相比欧美发达国家，我国的海外投资保险事业起步较晚。直到2001年，我国才成立了第一家专业出口信保机构——中国出口信用保险公司，主营业务是对我国海外投资提供担保，标志着我国海外投资保险制度终于从理论探讨迈向了落地实践。但是除了中国信保这个专门从事海外投资保险业务的机构之外，我国的其他相关保险机构依然很欠缺。为此，我们在海外投资保险业务的经营上可采取以中信保为主，其他保险机构为辅的政策，逐渐放开保险机构对于海外投资保险的承保权，可以允许一些资质合格、规模合格的保险公司开展一些特殊的海外投资保险业务，以满足市场的多样化需求。

同时应加快相关立法，从根本上做到有法可依。目前我国的海外投资保险合同适用的法律文件是最高人民法院于 2013 年发布的《关于审理出口信用保险合同纠纷案件适用相关法律问题的批复》。批复的出台远滞后于我国海外投资保险的实践，而且并没有从根本上解决适用法律的问题。所以我国要加快国内法制建设，注重国内法与双边及多边投资保护协定和投资保护条约的协调融合，使各种法律相互配合，发挥最大效用。

9.2.1.2 鼓励第三方信息平台运营

要想全面了解"一带一路"沿线国家政治、经济、社会、文化等各个方面的信息，仅凭投资企业自身的能力是远远不够的，应借助国家和国际平台，加强对"一带一路"沿线各国的信息收集、处理和分析，为进行对外直接投资的企业提供指导帮助。

除了政府平台之外，应加强对智库公司等第三方专业机构的政策扶持，通过数据库信息平台对现有风险信息资源进行优化整合，为企业提供对外直接投资信息咨询服务，对企业的对外直接投资项目进行风险评估和预测，协助企业建立投资风险预警系统。

9.2.1.3 加强政府间合作

基于政治风险的复杂多变，进行对外直接投资的企业无法仅依靠自身力量来规避所有的风险，所以政府间的沟通协商是推进和保障企业在"一带一路"沿线国家进行投资布局的重要途径。

首先，要加强政府间对话合作，通过与东道国建立良好的政治关系，减少政治风险对中国企业对外直接投资的不利影响。例如，中国政府与俄罗斯联邦政府构建了良好的关系，从而降低了中国企业在俄罗斯投资的政治风险。

其次，按照合作共赢的原则，加大力度发展"一带一路"倡议，让沿线国家充分意识到"一带一路"倡议的好处，全面调动沿线各国参与该倡议的积极性，营造"一带一路"合作共赢的理念，为企业顺利"走出去"奠定良好的基础。

最后，充分整合利用各种高质量的合作机制和平台，例如亚太经合组织、亚欧会议、博鳌亚洲论坛、中国—东盟博览会、中国国际投资贸易洽谈会等。在尊重各国国情和客观经济基础的前提下，本着"共商、共建、共享、一国一议"的原则，推进贸易投资规则衔接，促进要素自由流动、贸易便利化和投资自由化。

9.2.1.4　积极签订双边或多边投资保护协定

双边或多边投资协定是政府之间就投资领域相互讨价、让利协商的过程。我国政府可以通过寻找利益共同点来推动双边或多边投资协定的签订，就经贸合作中常见的政治风险、贸易壁垒、体制障碍等问题进行协商，并依据不同的投资国别、行业领域、利益诉求细化双方的权利和义务，确保条约双方能够得到有效约束，并借助协议的权威性有效防范企业在对外直接投资过程中可能遭受的风险损失。一般而言，两国或多国政府间如果已经达成了投资协定，是不会再发生改变的。如果要重新修改协定，往往需要付出较大的交易成本。所以当双方或多方签订投资协定后，意味着未来一定时间内双方或多方会保持较为稳定的关系，这对于海外投资的企业而言就是一个保障。特别是对于投资期限较长、投资金额较大的资源行业而言，东道国政治环境的变化，往往会给在该国投资的中资企业带来致命的打击，这个时候，一份双边或多边投资协议，可以保护企业规避政治风险。

9.2.1.5　提供金融扶持

首先，解决企业海外投资融资难的问题。政府通过搭建各种平台为在"一带一路"沿线各国进行投资的企业打通融资渠道。一是针对财政实力弱，容易因为政治风险或国际间关系造成经济波动的地区，需要政府引导政策性的金融机构为大型的海外投资项目提供贷款支持，例如国家开发银行、进出口银行等，通过政策性银行的带头和示范作用，促进各类商业银行为海外投资提供贷款。二是发挥债券市场融资功能，支持符合条件的中国境内金融机构和相关企业通过在境外发行人民币债券或外币债券进行融资，用于对沿线国家进行投资。三是建立基金运作合作体系。目前，我国已建立起多项与"一带一路"相关的专项投资基金，例如丝路基金、中国—东盟投资合作基金、中非产能合作基金、中国—中欧共同投资基金等。未来，政府可以遵循"对接、效益、合作、开放"的原则，进一步加强与沿线各国的合作，不断扩大基金规模，为企业提供广阔的融资平台。

其次，制定合理税收政策，鼓励企业积极"走出去"。一是要积极与沿线国家沟通合作，签订双边或多边税收协定，加强对涉税争议的协商，建立"一带一路"国别税收信息库，对沿线国家的营商环境、税收制度、征管规定及税收协定（协议或安排）进行详细参考，为企业提供全面税收指南和良好的税收环境。二是进一步完善我国《企业所得税法》等法律法规有关企业境外所得在国内享有税收抵免的制度设计，允许企业延递纳税，同时秉承一体化经营的原则，允许企业在境内外的所得和亏损进行相互抵补，在合理合法的情况下，给予一定的灵活性。

最后，构建多功能金融体系，助力企业海外投资。一是在金融机构建设上，加强各类金融机构参与的广度和深度，发挥政策性金融的引导作用，吸引资金支持"一带一路"沿线基础设施、能源开发和民生项目的建设；鼓励商业性金融机构以"一带一路"为轴，开展沿线网络布局，在风险可控的条件下提供各项金融服务，同时加强同境外金融机构的合作，分散风险。二是在金融产品供给上，深化针对"一带一路"沿线国家的多元服务，不断进行金融产品创新，大力发展融资租赁、融资担保、贸易信贷、支付结算、资产托管、信用评级以及专业咨询等，以满足对外直接投资企业对不同东道国的不同需求。

9.2.1.6 加强双边互动与人文交流

在全球经济复苏动力不足、贸易摩擦不断增多的情况下，以"一带一路"建设为契机，加强与沿线各国的外交与文化交流，推动双边和多边友好合作关系不断向新的阶段发展。第一，借助"一带一路"倡议，强化政府、公益、教育、文化、经贸等部门之间的往来，在沿线国家开展投资推介会、经贸文化论坛，健全相关领域的对话与合作渠道，不断加强双边人文交流。第二，充分调动地方政府和社会公众的积极性，挖掘中医药、武术、民俗节庆等民间文化资源，通过展演、参加体育赛事与节庆活动等方式"走出去"，深化文化交流。第三，借助孔子学院和汉语教学机会，加大社会组织、双边青年人的交流，通过"讲好中国故事""做世界和平的建设者"深化中外全方位的合作，使人文交流与政治互信、经济合作一起成为双边对外直接投资的重要支持。

9.2.1.7　引导扩宽投资领域

通过前面章节对"一带一路"沿线投资特点的分析，可以发现中国企业海外投资扎堆现象严重。一是集中以东南亚地区为投资目的地；二是以基础建设、能源等领域为主要投资领域。这容易引起恶性竞争，不仅不利于企业分散风险，还会影响企业的投资效率，降低其投资利益。因此，政府应该正视上述问题，引导企业开拓新的投资产业和区域，加大企业间的相互合作，共同营造一个良好的投资环境。针对生产同类产品的企业，应避免相互间的恶性竞争，积极合作共赢，共同做好一个项目。同时尽可能在一个产业链中集中布局上下游企业，使之形成健全的产业链。此种方式具有诸多优势，可促进各方共享资源，减少进出口成本、运输成本等，并创造最大化的集群效应。

9.2.2　企业层面

9.2.2.1　完善管理体制，降低经营风险

首先，企业的管理层要率先做好降低管理风险的认识，并且经常给广大的基层员工做好管理风险的教育工作，在各个岗位上提升人员的风险防范意识。摒弃人治观念，采取制度治理的方式，以制度实现对企业人员的管理，建立起有效的奖惩原则，鼓励企业的管理层和员工按标准化从事生产管理活动。当企业日常活动中出现人员违规时，管理人员要以身作则，主动接受相应的惩罚，这样企业人员才能上下一心，提升管理质量，降低管理风险。

其次，企业对外投资时，难免会雇用当地人员从事企业的管理活动。"一带一路"沿线各国的教育水平参差不齐，大部分国家的教育水平不高，当地人员的综合素质普遍较低，没有受过专业的管理培训，所以企业需要聘请专业的职业经理人定期对这些当地人员进行现代化管理模式的培训，以降低企业的经营风险。

最后，企业必须引入现代化的管理模式，创新管理思路，以适应国际市场的变化。通过完善管理体制，重视管理行为标准化建设，引进全新的现代化管理工具以及加强对管理人员的培训工作，才能够在未来的发展中有效地控制管理风险。

9.2.2.2 做好风险评估，降低投资风险

目前，大部分中国企业的海外投资都没有提前对投资风险进行测度，而是在出现经营风险后才去寻找解决办法，这种事后亡羊补牢的办法，往往导致投资损失惨重。"一带一路"沿线国家的投资环境复杂多变，更需要中国企业在做出投资决策前，深入研究东道国的政治、经济、社会、文化、法律法规等营商环境，构建投资风险测度体系，做到防患于未然。可借鉴发达国家经验，通过组织相关职能部门和专家学者，对东道国科研成果、资料和统计数据进行分析，以及开展实地考察与测度获得第一手资料，再根据本书提供的风险评估预警模型进行测算，把握对外直接投资的风险程度与项目可行性。总之，只有充分调查评估东道国各项投资风险，全面调研其市场前景，以及管理模式、技术水平、财务状况，才能实现正确投资。预先深入东道国，科学评估各项风险，并构建完善化的风险防控体系，提前制定有效规避风险的措施或者补救措施，能够在减少由于投资失误而引起的损失的同时，提高对外直接投资的成功率，创造较好的投资效果。

9.2.2.3 引入优秀人才，培养国际化队伍

中国企业对外直接投资的瓶颈是人才问题。中国企业"走出去"过程中的国际化战略不清晰、市场预测不到位、风险防范意识不强、文化整合能力弱等问题都是由于人才缺乏造成的。弥补国际化人才不足的方式有两种。

一是充分开发和利用已有的国际化人才，解决短期内我国企业对外投资人才缺乏的问题。具体来说，建立与华人华侨、海外人才的长期联系机制，形成人才数据库，为中国企业对外直接投资提供人才支持，还可在中国企业与当地人才之间搭建交流平台，为企业招聘华人或中国留学生进入企业工作提供便利。另外，还可以直接聘请当地的优秀人才，充分发挥当地人才的人脉优势，不仅有助于企业快速打开当地市场，还有利于获得东道国政府的支持。

二是整合企业、高校、政府和社会资源，创新人才培养机制与模式，满足长期内我国企业海外投资对人才的需求。政府应支持大力发展中介机构，积极培养具有国际视野的专门人才，在信息、会计、法律、咨询等领域提供

专业服务，构建政府和民间相结合、专业机构与综合机构相结合的人才中介服务体系。积极推进"小语种＋"人才培养举措，加强对国别和区域研究，培养对外直接投资所需的国际化高层次人才，尤其是要培养国际工商管理人才、涉外法律人才、小语种新闻人才、经济创新人才等多种人才，架构起立体多元的人才培养通道。

9.2.2.4 采取本土化经营，互利共赢

"一带一路"沿线各国文化和制度的差异，需要中国企业做到入乡随俗，遵从当地的文化、管理制度，提高环境适应能力，以实现境外投资的目标和战略。但是大多数中国企业在"走出去"过程中国际化经验不足，缺乏本土化经营的经验和能力，甚至有些企业社会责任意识淡薄，经营管理行为不规范，不能满足东道国法律法规和监管要求，这样的企业注定会投资失败。要想获得对外投资的成功，中国企业必须重视与东道国企业的合作，努力获取当地政府的信任，并尽可能地融入东道国的销售、加工、生产、采购等投资环境中。企业应重视员工培训，努力提高员工对当地文化风俗的了解程度，使其能够更好地融入东道国环境中。同时，要保护当地员工的合法权益并实现当地员工、社区、东道国政府和企业的多赢，才能获得对外投资的成功。

构建互利共赢的投资理念，积极融入当地社会和当地化经营，可以有效消除东道国利益相关者障碍。当地化的本质是实现利益共享、风险共担。一味地从东道国获取利益和资源，必然会引起当地利益相关者的抵制和敌视。只有进行利益分享，承担企业社会责任，对当地的经济、社会、环境、社区做出相应的贡献，才能获得东道国利益相关者的支持，才能最大限度规避经营投资风险。

9.3 小结

随着"一带一路"建设不断推进，改革开放水平持续提高，我国对外直接投资规模不断扩大，但随之而来的是各种对外直接投资失败案例。结合我国企业在"一带一路"沿线国家投资的现实情况，有必要从政府层面和企业

层面对对外直接投资风险进行有效防范，为我国企业的对外直接投资提供有力支持和保障。其中，政府层面的风险防范对策有：完善我国海外投资保险制度；鼓励第三方信息平台运营；加强政府间合作；积极签订双边或多边投资保护协定；提供金融扶持；加强双边互动与人文交流；引导扩宽投资领域。企业层面的风险防范对策有：完善管理体制；做好风险评估；培养国际化队伍；采取本土化经营。

参 考 文 献

[1] "一带一路" 沿线国家的主权信用风险分析 [J]. 金融世界, 2015 (6): 81.

[2] 白永秀, 王颂吉. 丝绸之路经济带研究 [M]. 上海: 生活·读书·新知三联书店, 2018.

[3] 陈爱蓓. 我国企业 "走出去" 的法律风险与对策思考 [J]. 改革与战略, 2008 (1): 128 - 130.

[4] 陈菲琼, 钟芳芳. 中国海外直接投资政治风险预警系统研究 [J]. 浙江大学学报 (人文社会科学版), 2012, 42 (1): 87 - 99.

[5] 陈继勇, 李知睿. 中国对 "一带一路" 沿线国家直接投资的风险及其防范 [J]. 经济地理, 2018, 38 (12): 10 - 15.

[6] 陈立泰. 我国企业海外直接投资的风险管理策略研究 [J]. 中国流通经济, 2008 (7): 48 - 51.

[7] 陈岩, 郭文博. 制度风险与跨国并购成败: 大国外交和经济 "软实力" 的调节作用 [J]. 世界经济研究, 2018 (5): 51 - 64.

[8] 陈岩, 翟瑞瑞, 郭牛森. 基于多元距离视角的中国对外直接投资决定因素研究 [J]. 系统工程理论与实践, 2014, 34 (11): 2760 - 2771.

[9] 段潇, 陈永进. 双边投资协定、国家经济风险和 OFDI 的实证研究 [J]. 中国经贸导刊 (中), 2019 (4): 11 - 13.

[10] 范鹏, 段建玲. "一带一路" 战略导读 [M]. 兰州: 甘肃文化出版社, 2015.

[11] 方珂, 张路, 程正中. 中小文化创意企业融资路径研究 [J]. 中小企业管理与科技, 2012 (9): 33 - 35.

[12] 冯雷鸣, 李丛珊, 李青原. 中国对外基础设施建设投资风险评价研究——以 "一带一路" 沿线 10 国为例 [J]. 国际经济合作, 2018 (3): 56 - 59.

[13] 付韶军，张璐超．国家政治风险因素对中国 OFDI 影响研究——基于"一带一路"沿线 54 国数据的实证分析 [J]．经济问题探索，2019 (9)：112 - 124.

[14] 高世宪，梁琦，郭敏晓，李际，王頔．丝绸之路经济带能源合作现状及潜力分析 [J]．中国能源，2014，36 (4)：4 - 7.

[15] 郭建宏．中国的对外直接投资风险及对策建议 [J]．国际商务研究，2017，38 (1)：75 - 84.

[16] 韩恩泽，朱颖超，张在旭．基于 Fuzzy - AHP 的中国石油企业海外投资风险评价 [J]．河南科学，2010，28 (2)：235 - 239.

[17] 胡俊超，王丹丹．"一带一路"沿线国家国别风险研究 [J]．经济问题，2016 (5)：1 - 6.

[18] 胡志军，温丽琴．中国民营企业对外直接投资新特点与新问题研究 [J]．国际贸易，2014 (6)：30 - 33.

[19] 黄河，Starostin Nikita．中国企业海外投资的政治风险及其管控——以"一带一路"沿线国家为例 [J]．深圳大学学报 (人文社会科学版)，2016，33 (1)：93 - 100.

[20] 黄静莱，陈媛．基于主成分的"一带一路"沿线区域投资风险研究 [J]．广西质量监督导报，2019 (5)：51 - 52.

[21] 黄娟，夏楚雪．"一带一路"背景下基于综合集成算法的中国企业对外直接投资风险评价研究——以 H 公司为例 [J]．江汉大学学报 (社会科学版)，2019，36 (5)：61 - 74.

[22] 姜建刚，王柳娟．经济制度与 OFDI 的关系研究 [J]．世界经济研究，2014 (1)：59 - 65.

[23] 蒋冠宏．制度差异、文化距离与中国企业对外直接投资风险 [J]．世界经济研究，2015 (8)：37 - 47.

[24] 李春花．基于 BP 神经网络的我国海外直接投资国家风险预警系统研究 [D]．湘潭大学，2013.

[25] 李锋．"一带一路"沿线国家的投资风险与应对策略 [J]．中国流通经济，2016，30 (2)：115 - 121.

[26] 李建平，黄茂兴．后 ECFA 时代提升闽合经济综合竞争力的政策思考 [J]．经济研究参考，2011 (63)：43 - 48.

[27] 李婧．"一带一路"背景下中国对俄投资促进战略研究 [J]．国际贸易，2015 (8)：25 - 29.

[28] 李珂．加入 WTO 对我国资本市场的影响初探 [J]．时代金融，2013 (21)：266 - 268.

[29] 李晓，周学智. 美国国际投资头寸结构与对外资产负债利差——兼论中美金融关系的影响 [J]. 国际金融研究，2015（12）：34-43.

[30] 李原，汪红驹. "一带一路"沿线国家投资风险研究 [J]. 河北经贸大学学报，2018，39（4）：45-55.

[31] 刘畅，陈建明，孙晓蕾. "一带一路"沿线资源国国家风险与出口潜力区位选择 [J]. 中国能源，2016，38（3）：19-24.

[32] 刘建国，梁琦. "一带一路"能源合作问题研究 [J]. 中国能源，2015，37（7）：17-20.

[33] 卢山冰，刘晓蕾，余淑秀. 中国"一带一路"投资战略与"马歇尔计划"的比较研究 [J]. 人文杂志，2015（10）：36-43.

[34] 马宝清. "一带一路"战略视野下的煤炭开发投资国别研究 [J]. 煤炭工程，2017（4）.

[35] 孟凡臣，蒋帆. 中国对外直接投资政治风险量化评价研究 [J]. 国际商务研究，2014，35（5）：87-96.

[36] 南开辉，刘毅，方向，张华. "一带一路"视角下海外基础设施投资风险识别研究——以电网项目为例 [J]. 建筑经济，2019，40（5）：59-63.

[37] 聂名华，颜晓晖. 境外直接投资风险识别及其模糊综合评价 [J]. 中南财经政法大学学报，2007（2）：86-90.

[38] 聂名华. 跨国公司对华直接投资的变动趋势 [J]. 投资研究，2011（4）：42-46.

[39] 聂名华. 中国企业对外直接投资的政治风险及规避策略 [J]. 国际贸易，2011（7）：45-48.

[40] 聂娜. 中国参与共建"一带一路"的对外投资风险来源及防范机制 [J]. 当代经济管理，2016，38（9）：84-90.

[41] 牛峰，窦如婷，郑丹. "一带一路"中东欧沿线国家电力投资环境研究 [J]. 企业经济，2019（9）：123-132.

[42] 彭怡，李友元，寇纲，施宇，石勇. 外商直接投资区位选择与风险分析 [J]. 管理评论，2012，24（2）：31-35.

[43] 申万. "一带一路"海外煤炭投资风险与对策 [J]. 煤炭经济研究，2017，37（11）：27-31.

[44] 宋维佳，梁金跃. "一带一路"沿线国国家风险评价——基于面板数据及突变级数法的分析 [J]. 财经问题研究，2018（10）：97-104.

[45] 宋玉洁. 对外直接投资风险预警与防范研究述评 [J]. 山东行政学院学报，

2018（1）：88 - 91.

[46] 苏馨. 中国对"一带一路"沿线国家直接投资的风险研究 [D]. 长春：吉林大学，2017.

[47] 孙志毅，许可，杨文静. "逆全球化"背景下中国对外投资的风险与信用问题——以"一带一路"沿线国家投资风险为例 [J]. 河南社会科学，2019，27（10）：39 - 46.

[48] 太平，李姣. 开放型经济新体制下中国对外直接投资风险防范体系构建 [J]. 亚太经济，2015（4）：122 - 127.

[49] 田泽. 中国企业境外投资风险的评价研究——以江浙沪企业为例 [J]. 现代经济探讨，2013（11）：46 - 50.

[50] 王海军，高明. 国家经济风险与中国企业对外直接投资：基于结构效应的实证分析 [J]. 经济体制改革，2012（2）：113 - 117.

[51] 王海军，郑少华，刘国栋. 中国企业 OFDI 研究：基于制度质量和政府参与的视角 [J]. 经济数学，2012，29（4）：86 - 93.

[52] 王健朴. 我国对外直接投资的宏观风险：识别、管理机制与策略 [J]. 金融与经济，2010（9）：29 - 31.

[53] 王健朴. 我国国有企业对外直接投资特定性风险探析 [J]. 现代经济探讨，2012（5）：54 - 58.

[54] 王淑梅，陈力. "一带一路"倡议下中国企业对外项目投资风险的模糊评价 [J]. 环渤海经济瞭望，2019（10）：77 - 78.

[55] 王卫星. "一带一路"战略面临的风险挑战及对策研究 [J]. 理论视野，2015（8）：58 - 64.

[56] 韦军亮，陈漓高. 政治风险对中国对外直接投资的影响——基于动态面板模型的实证研究 [J]. 经济评论，2009，17（4）：106 - 113.

[57] 温辉. "一带一路"战略下中国对中亚地区能源行业直接投资的风险与策略 [J]. 对外经贸实务，2019（11）：85 - 88.

[58] 谢春芳. 后危机时代我国对外直接投资的风险与防范 [J]. 贵州社会科学，2011（5）：44 - 49.

[59] 徐莉，班博. 对外直接投资模式的国际比较：一个文献综述 [J]. 东岳论丛，2012，33（10）：130 - 134.

[60] 徐小云. 我国企业 OFDI 项目的风险管理研究 [J]. 项目管理技术，2014，12（5）：33 - 37.

[61] 宣国良，扬建一，郝葆华. 跨国投资国家风险的计算机辅助决策评价系统

[J]．系统工程理论方法应用，1995（3）：36－42.

[62] 薛力．中国"一带一路"战略面对的外交风险 [J]．国际经济评论，2015（2）：68－79.

[63] 严艳，鲁越."一带一路"倡议对沿线国家保险业增长的促进作用研究 [J]．保险研究，2019（12）：18－29.

[64] 杨君岐，任禹洁."一带一路"沿线国家的投资风险分析——基于模糊综合评价法 [J]．财会月刊，2019（2）：131－139.

[65] 杨俊."一带一路"沿线国家油气资源投资风险评价 [J]．中国矿业，2018，27（12）：52－57.

[66] 杨勇，梁辰，胡渊．文化距离对中国对外直接投资企业经营绩效影响研究——基于制造业上市公司微观数据的实证分析 [J]．国际贸易问题，2018（6）：27－40.

[67] 姚凯，张萍．中国企业对外投资的政治风险及量化评估模型 [J]．经济理论与经济管理，2012（5）：103－111.

[68] 尹美群，盛磊，吴博."一带一路"东道国要素禀赋、制度环境对中国对外经贸合作方式及区位选择的影响 [J]．世界经济研究，2019（1）：81－92.

[69] 袁家海，曾昱榕．基于熵权 Topsis 灰色关联的"一带一路"国家电力投资风险评价研究 [J]．华北电力大学学报（社会科学版），2019（3）：32－40.

[70] 张建碧."一带一路"背景下企业海外投资风险防控 [J]．会计之友，2019（11）：93－97.

[71] 张金平．中国反恐怖法中境外武力反恐怖行动的两个原则性规定 [J]．当代世界，2016（3）：55－57.

[72] 张俊英，刘艳丽．丝绸之路的历史文化影响与当代价值研究 [J]．历史教学问题，2016（1）：101－107.

[73] 张敏，朱雪燕."一带一路"背景下我国企业对外投资法律风险的防范 [J]．西安财经学院学报，2017，30（1）：117－123.

[74] 张明，王永忠．中国海外投资国家风险评级报告 [M]．北京：中国社会科学出版社，2016.

[75] 张明．直面"一带一路"的六大风险 [J]．国际经济评论，2015（4）：38－41.

[76] 张仁开，孙长青．外资 R&D 机构本地绩效测评指标体系研究 [J]．科技管理研究，2008（9）：102－105.

[77] 张晓朋．中国对外直接投资的风险评估指标体系及模型构建 [D]．上海：上海社会科学院，2018.

[78] 张晓涛，刘亿，王鑫．我国"一带一路"沿线大型项目投资风险——东南亚

地区的证据 [J]. 国际贸易, 2019 (8): 60 - 71.

[79] 张亚斌. "一带一路" 投资便利化与中国对外直接投资选择——基于跨国面板数据及投资引力模型的实证研究 [J]. 国际贸易问题, 2016 (9): 165 - 176.

[80] 张亚军, 彭剑波. 我国企业境外投资的现状、法律风险及对策 [J]. 法制与经济, 2016 (1): 177 - 179.

[81] 张艳. "一带一路" 战略下企业对外投资风险控制研究 [J]. 财会通讯, 2019 (2): 117 - 120.

[82] 张友棠, 黄阳. 企业跨国投资风险预警与区域定位研究 [J]. 财会通讯, 2011 (31): 17 - 20.

[83] 赵磊, 白桦, 齐福全. 重视 "一带一路" 早期项目的建设与评估 [J]. 开放导报, 2019 (1): 23 - 29.

[84] 赵威. 中国对外直接投资的风险预警与防范 [D]. 大连: 东北财经大学, 2012.

[85] 郑明贵, 陈家愿, 袁纬芳. 基于物元模型的海外矿业投资金融风险评价研究 [J]. 中国矿业, 2014, 23 (6): 49 - 53.

[86] 郑崴, 徐峰林. 浅析企业对外投资的财务风险及其对策 [J]. 商业会计, 2011 (6): 65 - 66.

[87] 周伟, 陈昭, 吴先明. 中国在 "一带一路" OFDI 的国家风险研究: 基于 39 个沿线东道国的量化评价 [J]. 世界经济研究, 2017 (8): 15 - 25.

[88] 周五七. "一带一路" 沿线直接投资分布与挑战应对 [J]. 改革, 2015 (8): 39 - 47.

[89] 周亦奇, 封帅. 安全风险分析的方法创新与实践——以 "一带一路" 政治安全风险数据库建设为例 [J]. 国际展望, 2017 (5): 147 - 166.

[90] 朱兰亭, 杨蓉. 东道国国家风险对中国在 "一带一路" 沿线国家直接投资的影响研究 [J]. 投资研究, 2019, 38 (6): 36 - 46.

[91] Bruce A., Blonigen and Jeremy Piger. Determinants of foreign direct investment [J]. Canadian Journal of Economics/Revue canadienne d'économique, 2014, 47 (3): 775 - 812.

[92] Diego Quer, Enrique Claver, Laura Rienda. Cultural distance, political risk and location decisions of emerging - market multinationals: a comparison between Chinese and Indian firms [J]. Journal of the Asia Pacific Economy, 2017, 22 (4): 587 - 603.

[93] Diego Quer, Enrique Claver, Laura Rienda. Political risk, cultural distance, and outward foreign direct investment: Empirical evidence from large Chinese firms [J]. Asia Pacific Journal of Management, 2012, 29 (4): 1089 - 1104.

［94］Dileep Hurry, Adam T. Miller, E. H. Bowman. Calls on high-technology: Japanese exploration of venture capital investments in the United States ［J］. Strategic Management Journal, 1992, 13 (2): 85 – 101.

［95］Feiqiong Chen, Fangfang Zhong, Yao Chen. Outward foreign direct investment and sovereign risks in developing host country ［J］. Economic Modelling, 2014, 41 (5): 166 – 172.

［96］Gour Gobinda Goswami, Samai Haider. Does political risk deter FDI inflow? ［J］. Journal of Economic Studies, 2014, 41 (2): 233 – 252.

［97］Henisz WJ. The institutional environment for multinational investment ［J］. 2000, 16 (2): 334 – 364.

［98］J Sánchez – Monedero, P Campoy – Muñoz, PA Gutiérrez, et al. A guided data projection technique for classification of sovereign ratings: The case of European Union 27 ［J］. Applied Soft Computing, 2014, 22 (3): 339 – 350.

［99］John M. Dwyer et al. Carbon for conservation: Assessing the potential for win-win investment in an extensive Australian regrowth ecosystem ［J］. Agriculture, Ecosystems and Environment, 2009, 134 (1): 1 – 7.

［100］Kang, Y. and F. Jiang, FDI location choice of Chinese multinationals in East and Southeast Asia: Traditional economic factors and institutional perspective ［J］. Journal of World Business, 2012 (1): 45 – 53.

［101］Kazunobu Hayakawa and Fukunari Kimura and Hyun-Hoon Lee. How Does Country Risk Matter for Foreign Direct Investment? ［J］. The Developing Economies, 2013, 51 (1): 60 – 78.

［102］Martijn Burger and Elena Ianchovichina and Bob Rijkers. Risky business: political instability and sectoral greenfield foreign direct investment in the Arab world ［J］. The World Bank Economic Review, 2016, 30 (2): 306 – 331.

［103］Matteo Cacciatore and Fabio Ghironi and Yurim Lee. Financial market integration, exchange rate policy, and the dynamics of business and employment in Korea ［J］. Journal of the Japanese and International Economies, 2016 (15): 243 – 253.

［104］Matthew Yeung and Bala Ramasamy. Are shocks to brands permanent or transient? ［J］. Journal of Brand Management, 2012, 19 (9): 758 – 771.

［105］Meyer Coetzee. Understanding the relationship between risk and return ［J］. Money Marketing, 2018 (5): 16 – 18.

［106］Norbert Metiu. Sovereign risk contagion in the Eurozone ［J］. Economics Letters, 2012, 117 (1): 35 – 38.

[107] Robock, Stefan H. Political Risk: identification and assessment [J]. Columbia Journal of World Bussiness, 1971, 33 (1): 6 –20.

[108] Rodrik. Roepke lecture in economic geography—who needs the nation-state? [J]. Economic Geography, 2013, 89 (1): 1 –19.

[109] Suk H. Kim and Hyun Y. Cho. Foreign investment by Korean firms and investment theories [J]. Yonsei Business Review, 1992, 29 (1): 319 –334.

[110] Van Wyk, Jay and Lal, Anil K. Risk and FDI flows to developing countries: economics [J]. South African Journal of Economic and Management Sciences, 2008, 11 (4): 511 –527.

[111] Whelan E A et al. Menstrual cycle patterns and risk of breast cancer. [J]. American Journal of Epidemiology, 1994, 140 (12): 1081 –1090.

[112] Yim J, Mitchell H. A comparison of corporate distress prediction models in Brazil: hybrid neural networks, logit models and discriminant analysis [J]. Nova Economia, 2005, 15 (1): 73 –93.

致　谢

　　书稿终告段落，掩卷思量，饮水思源，在此谨表达殷切期许与拳拳谢意。本书是在陕西省科技厅软科学基金资助项目《"一带一路"背景下技术型企业 OFDI 风险防范研究》（项目号：2019KRM148）的部分研究成果基础上加以整理、扩充、完善而成的。在本书写作过程中，笔者深刻感觉"学无止境"与"力有不逮"的压力，应该说没有各位亲朋、老师的帮助，本书不可能付梓，现一并致谢。

　　感谢与我一并奋斗在学术之路的同行们。在无数次的探讨和争论中，启迪了我思想灵感的源泉，激发了探索真理的欲望，拓展了思维的广度和深度，勾勒出了本书的整体框架。

　　感谢我的家人，没有他们的支持和关心，本书是无法顺利完成的。家人们对我在生活上无微不至地照顾，精神上悉心地呵护，使我能够保持足够的精力和最佳的精神状态来完成本书的写作和修改。

　　感谢西安财经大学的资助。

　　感谢经济科学出版社的编辑老师们，他们不辞辛苦、精益求精，为本书的出版做了大量的工作，谨向他们表示衷心的感谢。

　　还有许多以各种方式为本书做出贡献的人们，由于篇幅所限，在此未能一一列出他们的名字，但他们对于本书同样至关重要。谨以此书献给所有在本书研究过程中以及在我学术道路上关心、爱护和支持我的师长、亲人和朋友。

李冰洁

2021 年 9 月